ゴールは結婚

イタリア―南極 一万三千キロの恋

石川 輝海 愛子
Terumi & Aiko Ishikawa

桜山社
SAKURAYAMA-SHA

ゴールは結婚

イタリア ― 南極一万三千キロの恋

石川輝海
愛子

はじめに

今思えば楽しく、温かく、スリルに満ち、ちょっと大変だったイタリア生活。自然の厳しさと美しさ、野外調査の面白さ、未知の世界を知る喜び、人の和の大切さを教えてくれた南極生活。

こんなに異なる世界で婚約時代を送りました。ゴールは結婚。その二文字が日々の難しさも苦さ、酸っぱさも支えてくれた気がします。

お互いイタリアで、南極で過ごした日々の生活を綴ってみました。

若い方にはこんな青春もあった、同世代の方には笑って元気になってもらえれば……などと考えました。

ちょっと昔の結婚式で司会者が「はい、それでは初のお二人での共同作業でございます！」などとケーキカットの折、声高に叫ばれましたが、このセピア色のイタリア・南極記は、私どもにとり終活的共同作業になるかも……と感じたりする年代に達しました。
四六年間は瞬く間に過ぎましたが、イタリアで出会った友人たち、恩師、そして南極の大変厳しい環境で越冬、観測、調査、研究した友人、先輩方々とは、お互い帰国した後も、今もって強い絆を育むことができています。

石川輝海
愛子

ゴールは結婚　イタリア — 南極一万三千キロの恋　もくじ

フィレンツェ青春第一楽章

第十三次隊の南極記

フィレンツェ青春第二楽章

フィレンツェ青春第一楽章

なぜイタリア

一九六五年六月九日、東京上野文化会館。エットーレ・バスティアニーニリサイタル――。

このコンサートを聴いて私は、これも人間の声であろうかと天地がひっくり返るかと思うほど驚き、同時に感激しました。コンサートの後、興奮冷めやらず、酔ったごとく下宿近くの武蔵野の面影深く残る林の中をさまよい歩き回り、翌朝山手線の車中で、「イタリアに行こう」と決心しました。

バスティアニーニは日本公演の二年後に亡くなりましたが、イタリアに行ってからバスティアニーニが、天国から素晴らしい出会いをつくってくれたとしか思われないことに遭遇します。

イタリア行きがバスティアニーニに始まり、今までバスティアニーニとイタリアを心の糧として生きております。

かなり封建的色合いの濃い家庭環境で育ったせいもあるかと思いますが、私どもの年代は、まだまだ女性が社会進出する意識が薄い時代でした。イタリアに行ったから将来何かに役立てようとか、仕事に結び付けようという目的は今の時代から思い起こすと不思議なほど何も持ち合わせませんでした。

が、一つ希みはありました。イタリアに行くことによって〝自己発見〟をしたかったと言うことです。私は、父親の愛情過多で育ったので、少なくとも結婚前に〝チチ離れ〟をせねば、一生受け身人間となり自分らしく生きられないのではないかと本能的に感じていた気がします。しかしながらその父が他界した後、父親の愛情が私自身の生命のエネルギーの源でもあるのかなと初めて気づきましたが……。愛情はエネルギーを生みます。親子、恋人、夫婦、そして師弟関係でも愛情で相手を理解し、認め、同時にお互い生かし合うものではないでしょうか。

ともかく、海外で、未知の世界に身をおいて、生活し学ぶことによって自分自身がどう現れ出るか知りたかった。できるだけしっかり自己の意志を持って生きられる人間になりたかった。

決意してから六年目、一九七一年に羽田から飛び立ちました。

以下、私のイタリア体験記を少しずつ書いてまいります。♪come prima piu di prima…♪（＝コメ・プリマ・ピュー・ディ・プリマ＝前のようにいいえ前よりもっと……）という皆さんよくご存知の古いカンツォーネがあります。私にとりイタリアはまさにこの詞のごとくですが、いつの間にか時は経過し、四六年も前のこととなってしまいました。若干錆び付いていたり、セピア色になっていたりする部分もあろうかと思います。どうぞご容赦を。

突然のアモーレ

当時、私は名古屋のある女子高校の非常勤講師を週に月、木、金曜日の三日間しておりました。私の夫ドッコイになりました突然のアモーレは、大学院時代の五年間、火曜日だけ非常勤講師として来ていました。曜日が違うためそれまで一度も会ったことはありません。

彼は、第十三次南極地域観測越冬隊隊員として任命されていたために学校を辞めることになり、最後の出勤日〝一三日の金曜日〟に成績表提出と挨拶のため学校に来ました。私の受け持っていた授業は金曜日、午前中三時間のみでしたから、普通なら授業が終わればさっさと帰っていました。たまたまその日はテスト期間中だったので、採点のため居残りをしていたのです。そこへ彼がちょっと緊張感を漂わせ概ねぶっきらぼうな態度で、非常勤講師室の戸をガラッと開け、入って来ました。

私は、答案用紙から目を上げ音のしたドアの方、彼の顔を見て〝これだ！〟と思ってしまいました。でも私も女性のはしくれ、胸の内は明かさず、二言、三言言葉を交わし「お元気で」と別れました。

翌日の土曜日、彼は南極越冬訓練のため長野のスキー場に赴き、私は東京の友人の結婚式に発ちました。私の父も所用のため、一日遅れで東京にやってきて上野で合流。食事をし、「鈴本演芸場」で父が大好きな落語を聞き、笑い転げてから当時定宿としていた赤坂の旅館に落ち着きました。

父が、「ほらっ」と渡したものが、速達印のある〝履歴書同封の結婚申込書〟でした。私はそれを読んでうれしさのあまり大騒ぎしフロントから、「他のお客様から苦情が出ております。お静かになさってください」と二度しかられました。


名古屋に帰ってからは、毎日の逢瀬……。

そんなことで愛情過多の父も反対する隙間がなく、音楽用語で急速なテンポを表すアレグロな婚約をしました。

今だから明かせますが、「突然のアモーレ」は当時学生なのでお金がなく奨学金で婚約指輪を買ってくれました（奨学金は全額誠意を込めて返却終了しました。念のため）。

突然のアモーレに出逢ってほんの数日後、来るべきイタリア行きにそなえて習っていたイタリア語の先生、瀬戸市のカトリック系女子高校、イタリア人シスター・マリアから「イタリアの受け入れ先が決まった」との電話連絡。当時の四人のイタリア人シスター達にはイタリア語を学ぶにあたって理由は告げてありました。受け入れ先決定の親切で温かなお骨折りには感謝しましたが、まだ習い始めて数か月、殆ど話せないままでした。

結婚相手との出逢いと、念願のイタリア行きと、人生のバカデカイ二つのイヴェントが同時に襲いかかってきたような、真っ赤に輝く太陽が二つ昇ったような、悲鳴を上げたいくらいのざわめきとなりました。

突然のアモーレとの出会いから幾日もたたずにイタリアへ発つことに後ろ髪を強く引かれる思いもあり、また女性として突然のアモーレの、当時、生死にかかわるような冒険であった一年間の南極行きを晴海埠頭から出航する南極観測船「ふじ」を涙を流しながら手を振り、しおらしく見送るのが筋ではないかと大きな時計の振り子のように悩みました。

突然のアモーレに相談したら「今がチャンス。行けばいい」。いとも簡単に認めてくれました。

南極とイタリアの距離。当時、日本と南極の連絡手段は、千葉県銚子のＫＤＤの無線局から昭和基地へトン・ツー式のモールス信号のみでした。イタリアからは手紙は出せない、南極からは勿論郵便局もありませんから出せるはずもない。そこで彼はお互い一〇〇余の暗号作成を提案してくれました。

暗号ノートをお互い持って私は暗号文を交えた電文を夫ドッコイの両親に送り、両親から千葉県銚子の無線局に送ってもらい技術者がトン・ツーをしてくれます。彼は私の両親宛てに電文を送り、私の家からイタリアにそのまま送ってもらい暗号ノートを見ながら解読します。

お互いが、相手の両親に便りをするなかなか温かい思いつきではありました。電文は訳の分からない文字の羅列で、昭和基地でモールス信号を打つベテラン技術者も判断できず苦労されたようです。「アイチャン（南極での夫ドッコイのニックネームは、アイチャンでした）、これでいいのかい？」と何度も確かめられたと聞きました。

アカ・サト・トク……。戦時中じゃあない、モールス信号でも送信技術者はある程度前後の単語を理解しつつ送信するもので、まじないのような電文は技術の方には苦労をかけたこと想像に難くありません。

一九九六年一一月に夫のヨット友人で、昭和基地に着いた第三七次南極観測隊隊員の方から我が家に電話があり、隣町にいるように普通に会話ができていたので〝隔世の感あり〟と思った次第です。


フィレンツェに着いた……


イタリア行き航空券は、名古屋駅前の旅行社を通じて買いました。片道二五万三千円なり。

ヨーロッパ行きは、北周りと南周りがあり、私の航空券は南周りで長い旅でした。各駅停車のごとく国ごとに着陸、そして離陸し、その度に食事が出される。タイでは、空港に大勢の丸刈りの修行僧が黄色の僧衣姿で飛行機をのんびり眺めていました。

インドでは給油と清掃のため待合室で待機。ざく切りされたスイカが大きな皿に盛っていくつも置かれ、その周りを大きな蠅が群れをなすほど飛びまわり、壁にはデカイヤモリがあちこちの方向を見て何匹も張り付いていました。折角のインドのスイカでしたがとても手が出ませんでした。

機内では時代が良かったのか、航空券が高かったからか、私の席はもちろんエコノミークラス。当時の名称の〝スチュワーデス〟は、何度もお化粧を直し、お召し替え。自前か航空会社が貸与したのか、外国人が大喜びするようなきれいな振袖でお給仕した時代でした。

ローマに到着。空港のざわめき、人間の顔も言葉も空気も違う……。あの〝ローマ〟に着いた……と、緊張と疲れで麻酔から覚めきらないような状態で周りを見渡しました。

ローマ空港では、四時間待ってフィレンツェ行きに乗り換え六〇分後、やっと目的地フィレンツェの空港に降り立ちました。羽田から二七時間以上かかりました。ホストファミリーの夫妻が、「どんな子が来るんだろう」と、いぶかしげにタラップから降りた私を眺めていました。心配そうな空気はタラップまで届き、私はこの夫妻だとすぐわかりましたが……。

亭主関白なナポリ出身の夫とフィレンツェ出身の妻のカップル。宝石卸し業を営み東京、名古屋、大阪、九州など日本の多くのデパートにカメオやサンゴなどイタリア南部の特産品を卸していました。家はフィレンツェの中心からちょっと外れた閑静な住宅地、ボッカチオ通りに位置し、地上二階と広い地下室の立派な家でした。

庭にはあちこちに白い彫像が建ち、大きな木にぐるりと鳥籠を取り付け数十羽の小鳥を飼い、足元には二匹の亀がもぞもぞ歩き、池には小さな噴水あり、日本家屋の見慣れた風情とは家も庭の作りも全く違う趣でした。


結婚して家を離れた一人娘さんの一五畳くらいの部屋が私の居室となり、片側の壁一面、天井から床までの大きな洋服ダンスと物入れ、反対の壁には全身が映るほどの鏡台が取り付けられ導線上に象嵌《ぞうがん》細工の施された机があり、部屋の真ん中に三人は寝られそうなキングサイズベッドが設置されていました。

到着後の数日間、フィレンツェの街を歩くと石造りの建物、石畳の道、美術の本と教科書で見たことのある絵やフィレンツェの象徴サンタマリアデルフィオーレ教会に遭遇し、行きかう人の言葉や声、話す調子もすべてがほんの数日前とは違いすぎ、まさに異文化、異世界。脳みそがびっくりしたのかクラクラしました。

当時日本では、一般にイタリアの情報は少ない時代。イタリア語も何本かの映画と、イタリア語を習っていた女子高校のイタリア人シスター達が話しているのを時々見たり聞いたりしたくらいでした。

解りましたか!?

時差ぼけも解消した頃に、取りあえずフィレンツェ大学外国人語学校のクラスでイタリア語を始めました。コースは、イタリア語をイタリア語で説明する伊・伊クラス、英語で説明する伊・英クラス、ドイツ語で説明する伊・独クラス、フランス語で説明する伊・仏クラスがありました。

私は勿論！（威張るこたぁない……反省……）どれもだめでした。でもどれかを選ばなきゃならない、伊・英クラスしか選択の道はないと思いました。これについては、時すでに四六年遅しですが、伊・伊クラスを選択すべきだったと思います。

先生は四五歳くらいの金髪で太め、エネルギーに溢れ笑顔がイタリアの太陽のように明るい、口のよーく回る女の先生でした。一クラス二五、六人でいろんな国の人がいました。アメリカ人、イギリス人、カナダ人など伊・英クラスなので、英語圏からの学生が大多数でしたが、アラブ系の人が何人もいて印象に残っています。アラビア文字は右から左に絵文字のような流れをもって書かれます。彼らが書いたものを物珍しそうにのぞき込んでいると、「〝アイコ〟は、こう書くんだよ」と、書いて見せてくれました。

授業中に先生は、英語で説明しながら合間にジョークをとばし、皆を笑わせクラスを盛り上げ引っぱっていきます。日本人は私一人、英語もろくろく解りません。先生のジョークに乗って時折クラスのみんなが大笑していています。私一人がただひたすら真剣に、全身耳にして聞いていて、笑う所じゃぁない。いいえ解らないから笑えない。それでも時には解ることもあって、数秒遅れて「ふっふっふ」と笑う。切れかかった蛍光灯が思い出したように突然灯るような、そのタイミングの悪さよ！　今思い出しても顔がポッと赤くなりそう。

先生はすぐ私の名を覚えました。一節終わる毎に、いいえ五分毎に「解りましたか、アイコ！」と、気恥ずかしいほど大きな声をかけてくれました。解らなかったことの方がよほど多かったけれど、「Ｎｏ」と言ったら私のために授業が止まってしまう、したり顔で「Si＝はい」と答えていました。

相棒はヴィルジニア

語学校のクラスでとびっきり成績が良かったのがアメリカから来た一九歳のヴィルジニア。彼女は第一言語がフランス語。アメリカ人なのに変と思われるでしょう。一緒に生活するようになってから語ってくれましたが、彼女の家は元ニューヨークのウォール街一番地に居を構え、父親はアメリカの成長期真っ只中で手広く株の売買業を営む大金持ちだったのです。

子供たちは四人皆、スイスのフランス語圏にある全寮制のプライベートスクールで教育を受けた経緯がありました。ヨーロッパ・アメリカの良家の子女を三人に一人くらいの割合でシスターが面倒をみて、勉強だけではなく、マナー、言葉使いなどを丁寧に、こぢんまりと三〇人くらい教育する学び舎に一六歳までいました。現在もそういう学び舎はいくつかあるようで、あのダイアナ妃もある時期学んでいたと何かの記事で読んだことがあります。そんな訳でヴィルジニアは、四歳からスイスのフランス語圏で教育を受けながら育ちました。彼女にとり第一言語はフランス語、休暇になるとアメリカに帰って話すのが英語、そしてハイスクール時代二年間習ったのがスペイン語。ラテン語を源にフランス語、イタリア語、スペイン語が生まれています。また、英語の四分の一くらいもイタリア語と同じような使い方だとヴィルジニアは言っていました。

イタリア語も少しやればたちまちペラペラ。ダンテの「神曲」も早々とイタリア語で読み、「あー、おもしろかった」。私がびっくりすると「頭の中でフランス語から少し変換すればいいのよ」。彼女の長兄は、五か国語話すと聞きましたから、きっと語学の遺伝的な才もあるのでしょう。

語学校に通いながら彼女と一緒に学生食堂や、トラットリアで食事をしたり、休み時間に話したりしているうちに「いい人そうだな」と思い始めました。私は彼女に比べたら劣等生もいいところ、ヴィルジニアがイタリア語でどう説明してくれても解らない時、「その単語英語で言ってみて」と頼むと途端にむっとして、「いやよ、私は今イタリア語を学びたいの、絶対英語は話さない」とそっぽを向く人でした。

トラットリアで食事をしている時のこと、お互い下手なイタリア語で一生懸命語り合っている。すると店のおやじさんや周りの人達が、「オイ、オイ見てみろよ、アメリカ娘と日本娘がイタリア語しゃべっているぞ……」と人だかりができたこともありました。そんなこんなで、彼女とならやっていけそうと思い、一緒に住むことになったのです。

アパルタメント探し

フィレンツェ特有の蒸し暑い夏。多くのイタリア人たちは、毎年恒例の長い休暇に入る頃、ヴィルジニアと私は一緒に住むためのアパルタメント探しをすることになりました。

まず、街角で新聞を買い不動産の賃貸物件欄を見て、「家具付き、二寝室、キッチン、風呂シャワー付き」の条件で、該当したものを探し出し、印をつけていく。次に該当物件の不動産屋に連絡を取って見せてもらうよう交渉する。立派なカイゼル髭をたくわえた不動産屋のおじさんがいっぱいまくし立ててくれるけど、全然実りなし。もう休暇に入ったのか、何度行っても閉まっている店。小娘二人しかも外国人とみてか、多くのリストを手に持ちながら、「残念ながら今は手持ちがありません……」と相手にもされなかったところ。

携帯電話など想像もできなかった時代、バールやたばこ屋で、公衆電話用のジェットーネというコインを買って、片っ端から連絡してアポイントを取り、訪ね、何軒も見てまわりました。

フィレンツェは小さな町なので、郊外以外は徒歩で済ませられる、賃貸欄の載っている新聞を日よけ代わりに頭にかざし、歩いてどんどん見てまわりました。「シャワー付き」と書いてあってもカーテンで仕切りはあるがお湯が出ない、おまけに部屋中水浸しになりそうです。

次に行ったのは薄暗い洞窟のようなところで、うっすら髭の生えたおばあさんに「ここだよ」と案内され、その汚さと人間がいても知らん顔で子豚のように大きくなったネズミが何匹もはい回っているサマにたまげて退散したことも。

フィレンツェ郊外、フィエーゾレの丘の中腹の素敵な一軒家……etc。足が腫れるほど歩き見た中で、落ち着いたのがフィレンツェの中心大聖堂サンタマリア・デル・フィオーレの一本右奥「アヒル通り九番地」。家主はローマ在住のボルセッリーニ伯爵婦人。大きな声でしゃべり、のけ反るようにげらげら笑い、伯爵夫人の肩書とはほど遠いイメージのガラッパチおばさんでした。伯爵婦人はヴィルジニアが大層気に入り、「かわいい、かわいいわねぇ、なんて感じのいい子なのでしょう」と連発し、何度もほっぺを触ったりしていました。私は街の真ん中ではなく、静かな郊外に住みたかったけれど、何でも徒歩で済ますことができる伯爵夫人所有の「アヒル通り九番地」の便利さは格別でここに決まり。

一五〇〇年代に建てられた六階建てで、私たちの居室は五階でした。２ＬＤＫと言いましょうか、窓を開ければフィレンツェ大聖堂の大伽藍が迫る居間兼用の部屋には、ベッド一つと洋服ダンス、テーブルと長椅子。もう一室は、小さな窓、ベッド、テーブルと椅子が二脚、大きな洋服ダンスの付いた部屋。食事もできる台所、洗面所には、洗面台とトイレ・ビデ・足を抱え込まないと入れない小さなバスタブがありました。サロン風の大きい方の部屋はヴィルジニアに、小さい方は私に決めました。

ピアノは今もある老舗のチェッケリーニという音楽専門店で借り、ピアノの胴体部分には、象嵌細工が施され、左右に燭台もついていて日本では見たこともないピアノでした。職人が手間暇かけて丁寧に作った味が漂い、フィレンツェ・ルネッサンス……燭台付きピアノ……気持ちがぴったりし、迷わず選び、即日屈強な男性が五階まで運びあげてくれました。


いざ住み始めたら暖房器具は動かない、台所用品の数は揃っているけれど寄せ集めで古く、鍋も大小さまざま二人には多すぎるほどある、でも蓋がどれもぴったり合わない。スープを口に入れると擦り減ったスプーンから発する金気の味が口中に広がる。毎日のように「またぁ……」とため息が出るほど次から次へ問題が発生しました。

管理人から紹介されたストーブ取り付けや水道工事の職人は、「明日行く」と言ったら一週間、「一週間後」と言ったら「来ないこと」と思わなければなりません。小さなことでも日々の生活に欠かせないことが沢山あります、それがスムーズにいかないもどかしさ。家賃は当時のリラではいくらか忘れましたが、日本円で七万円くらいだったと記憶しています。イタリア人の学生は、「法外な値段だ」と、呆れていました。

契約時の話とは大違いの問題の続発で、アパルタメントの管理人でもある不動産屋シニョール・ピオンビーニに何度掛け合ったことか。手入れの行きとどいたスーツを見事に着こなし、香水を漂わせていた三〇代のピオンビーニ氏に、未熟極まりないイタリア語で怒ってもよそ見して聞き流すだけ、何の効き目もない。これは手を変えるべきだと思い知り、気合いを入れて挑戦。顔はにこやかに言葉は冷たーく、皮肉を込めて交渉したらこれが、大成功！　問題はおおむね解決。何とか滑り出しました。

そこからヴィルジニアは、あのミケランジェロが初代学院長だったという国立美術学院へ、私は国立音楽院に通い始めました。

パーネの腕

朝はヴィルジニアと近くのパン屋に行ってこんがり焼けた、フィレンツェ独特の田舎風パーネを買ってくることから始まります。フィレンツェの街は、ルネッサンスの遺物から成り立ち世界有数の格調の高い美しさと同時に、目抜き通りから一本か二本入った目立たないところ、丁度良い距離、良い間隔でパン屋、ミルク屋、八百屋、そしてコーヒーを炒って挽き売りをしたり、瓶をもって行くとワインを樽から蛇口で瓶を満たしてくれたりする食料品店がありました。

私たちがいつも買いにいっていたパン屋は、五五歳くらいの物静かでいて、「何でも来い！」風のオカアサン、そして三〇歳前の若主人、働き者で明るくきれいな若奥さんの3人でやっていました。若主人は、四時前には起きてパンを作り始めると言っていました。そのパーネ作りで鍛え込んだ腕のたくましいこと、パーネを作るために過不足ない職人の腕でした。きっと彼のパパがやっていたことを小さい頃から見上げていて、見様見真似で覚え、一四、五歳からは、いっぱしに作れたのではないかと思われる「パーネの腕」でした。

店の棚には焼き上がったばかりのドライフルーツ入りの艶のいいパン、クロワッサン風、ディナーに添えるお澄ましの丸いパン、細長い日本ではホットドッグに使われる形のものなど五、六種類が置いてあります。小さな店で、「昔からの製法を守り決して多くは作らない」とオカアサンは言っていたので、お昼過ぎにはみな売り切れてしまい手に入らないこともしばしばありました。

毎日買うトスカーナ地方独特の田舎風パーネは皮が厚く、いやほとんど皮といったパーネで中の柔らかいところがほんの少ししかありません。円形で直径が五〇センチくらい、厚さ一〇センチくらいの艶もなくデコデコした、見てくれのあまり良くないパーネです。それを一日分多くて半分、少なめだと三分の一くらい切り分けてもらいます。こんがり焼けた厚い皮の美味しいこと、家に帰り着くまでに待ち切れずヴィルジニアは、二、三度かじってしまいます。

アパルタメントに帰るとエスプレッソを淹れ、ミルクをあたためてまずカフェラッテの用意。あつあつパーネには、バターは勿論、マーマレード、ストロベリージャム、ブルーベリージャムを用意します。あつあつのパーネに、タップリのバターをのせるとほんのり溶け出します。その上に好みのジャムをのせて、大聖堂ドゥオーモのジョットの鐘の音を聞きながら口に運ぶとまさにフィレンツェの朝！

四六年後の今もあの舌触り、焼き立てのパーネのあのカリリとした香ばしさ、エスプレッソのコーヒーが「ブク・ブクッ・チッ」と上部に上がってくる音とにおいなど私の口と鼻と手と耳がしっかり記憶しています。ヴィルジニアの「ウーン、美味しい……」という声とともに。

……おかあさん

前にも書いたようにアパルタメントの相棒ヴィルジニアは、四歳の物心が付くか付かないうちにスイスのフランス語公用地区で、寄宿制スクールに入ってフランス語を第一言語として育ちました。

かわいい盛りのそんな小さい子供をアメリカ国内ならまだしも、スイスの寄宿舎になぜ入れたんだろうと不思議に思っていました。彼女も小さすぎて知る由もなく、八歳年上の長兄から聞いた話しとして、「父は長男のぼくを、ニューヨークの一流名門小学校に入れた。暫くはその学校に通った、いい学校だった。小学校二年のある日クラスメートが、三つ揃えを着こなし頭髪もバッチリ整えて自家用車でお抱え運転手が送迎して家に遊びに来たんだよ。その友達はたまたま居合わせたパパに丁寧に挨拶をしてからの第一声が悪かった、『あなたが乗っている車は何ですか？　この家にはバスルームはいくつありますか？』　この質問にパパは、激怒した。『何ということを尋ねるんだ！　こんな子供の通うような学校辞めてしまえ！』と怒り心頭、即刻退学。長子であったぼくをまずスイスに送り、その後、二男、三男そしてヴィルジニアきみも行くことになったんだよ」と。

父親はアメリカが勢いよく右肩上がりの経済成長を遂げていた時期、ニューヨークのウォール街一番地に居を構えて株の売買業を営み、母親はイギリス貴族の血を引くとても美しく教養のある趣味人だったようです。その趣味も半端ではなく世界中を飛行機で飛び回り、好きな古美術を吟味し買い集めていたそうです。母親の死後その膨大な古美術品は二つの美術館に寄贈され、以降毎年二度、夏とクリスマスシーズンに、ヴィルジニアをふくめ四人の遺児に美術館から感謝の便りとともに若干のお礼が届くと言っていました。

ある日アパルタメントで、ヴィルジニアが食事を日本風に箸で食べたいと言うのでほんの少し和風に料理して箸を使いました。それが抵抗なくすっと上手に使えること。「まあ、上手ね」と驚くと、得意そうに「そうよ、箸の使い方知っているんだもの」と、形の良い鼻を上げて言う。茶目っ気も勝ち気もある一九歳なので、また負けん気を出したなと思っていました。ある時、箸を使いながら、「わたしの記憶の中にはっきりとある訳ではないけれどね、日本にも行ったことがあると思うの」と、神妙な面持ちで語り始めました。「母の趣味の古美術品買いの旅行で、日本にも行ったと思う。幼い頃、何度も母と一緒に外国に行ったから……」。明確な記憶にはなくても、手と指に箸の使い方がインプットされているようで豆のような小さなものまで上手に箸でつまんで「ほーら、できるでしょ？」。

料理は概ね私が作る人、彼女が後片付けする人となっていました。レシピは、イタリア風が殆ど。私はイタリア生活後の来るべき結婚に備え、またベルカント唱法を知るためにも根源の食を知ること、即ちイタリア料理だというちょっと殊勝な！好奇心もありました。

メルカートで新鮮な材料を買い、買った材料の作り方が解らなければ、メルカートのおばさんや、買い物客にも尋ねて、できるだけイタリア風に作っていました。素材を活かし、香草、ハーブを使うイタリア料理は、体にも良くまた私の肉体が求めていたようで以前より健康になっていきました。

家の中に包丁の音がし、バジリコ、オレガノ、ローズマリー、イタリアンパセリなどのハーブの香りと共に料理を作る湯気が漂う。そんな生活をほとんどしたことがないヴィルジニアは、ふつふつと幸せそうでした。

ある時いつものように私が料理をしていると、自室から出てきて、「アイコ、良い匂い！」。しばらく私の周りをうろうろしたり、台所の窓からドゥオーモの大伽藍を見たりしてから、私に近づきそっと耳元でとても優しい口調の日本語で、「お・か・あ・さ・ん」と言って自室に引き上げました。

ほんの小さい頃に、母親は彼女に会いたくなるとニューヨークから飛行機でスイスの寄宿先にやって来て彼女を連れて帰る。一定期間すると、彼女の表現では、「母が自分の気持ちだけ満足すると」飛行機でスイスに送って来て寄宿舎に送り届けてさっとニューヨークに引き上げる。一〇歳くらいのあるとき、いつものように気まぐれにスイスに迎えに来てニューヨークに帰り、ほんの数日後（！）スイスの学校に送って来る途中、街の中のホテルでこともあろうに真夜中近く、「さあ、これから自分で学校に帰るのよ」と言ったきり、ヴィルジニアが「お願い、明日にしてちょうだい」と頼もうが叫ぼうが聞き入れてもらえず、最後はホテルの部屋から荷物と彼女をほうり出しドアをピシャリ。一人で寄宿舎に帰らされたエピソードを涙を流しながら語ったりしていました。

その母親は、彼女が一四歳のおり、哀しい自死に至り、その半年後に父親は子連れの婦人と再婚いたしました。一六歳でスイスからアメリカに引き上げた彼女は、父親とも、再婚の継母とも全くうまくいかなくなって、家にいられなくなり生活がどんどん不安定になっていきました。

それ以降、アメリカ国内でホームステイ生活を余儀なくされ、毎月父親から送られてくる小切手が頼りで、唯一父娘の絆の生活となりました。兄が三人、彼女を含めて四人兄妹ですが、アメリカ国内で散り散りにホームステイしたり、自立して大学に行ったりでほとんど会うこともありませんでした。

「父は母の葬儀にも私たち兄弟を呼び寄せなかった。兄弟と言ったって顔を合わす機会もほとんどなく、ましてや家族的な会話もしたことがない」

あの日、彼女が台所で私に「お・か・あ・さ・ん」と言ったその時は冗談半分、また彼女の「日本語言えるんだから、私」の勝ち気半分で聞いていて、苦笑いしたいような、照れ臭い気分でした。

私が家庭を持ち、二児の母となってからは、あの「お・か・あ・さ・ん」は、彼女にとって心の底から言ってみたかった言葉であったと理解できました。私がもう少し大人だったら彼女の発した言葉の意味をわかり、愛を込めて受け止めてあげられ、やさしく、深く抱きしめてあげられたのにと残念に思います。

フィレンツェのアパルタメントにも父親から彼女の言で、「毎月充分な額の小切手」が送られて来ていました。届く度にやり場のない悲しげな怒りをフランス語でつぶやいている。送金してもらっていて何をそんなに怒るんだろう？

一度だけ私は聞いたことがあります。「何を怒っているの？」「数字だけが並んだ小切手一枚だけよ！　紙切れ一枚よ、ただの一度だって手紙が来たことがないわ」

日本では、三つ子の魂百までと言い、幼い時代に愛情を受けて育っていれば、また家庭にある程度の絆があれば、多少の疎遠も子供の心をあそこまで傷つけなかったでしょう。彼女自身生きるためのエネルギーを得るために、肉親の愛をいつも糸のような危ういものにでもすがりつくように求め、確かめたかったのでしょう。

その後、何か月かして一度だけ父親から小切手とともに一言、「元気でやっているかい？」と書いてきたことがありました。ヴィルジニアは、一言書いてある紙をかざしながら、「タタッタラララーン・タタッタラララーン」。しばらくアパルタメント中を歌いながら踊りまわって喜んで、アパルタメントを飛び出して行きました。ほどなくして、「アイコ、見て見てほらこれ。いいもの見つけたでしょう！」と、フィレンツェらしい封筒と便箋を買ってきて、自室にこもり一生懸命手紙を書いていました。

見ていた私も切なくなるような心地だったものです。頭も切れ、勘も鋭く、美人で幼少期から素晴らしい教育を受け、フランス語も堪能で……。「将来きっと実業家夫人か外交官夫人となってインターナショナルな教養でハズバンドを支え、大邸宅に幸せに住む」と確信的に想ったものです。でも成長段階で何より大事な家族愛が完全に不足していて、年を重ねても重ねても不安と決して癒えない傷を抱えているようです。

仕事も転々としていました。日本に来た折、京都のホテルで切り出しました。「あなたは頭もよく、勘もいい、多方面に才能があると思う。いつも待っていないで自分で自分のドアを開ければ、もっと羽ばたくことができると思うわ」と、姉貴気分で提言したことがあります。

ヴィルジニアは、カフェラッテを前にうつむいて涙を流し、「私は自分でドアを開けられないの。開いているドアを探していつもそこから入っていく……」。教育も羽ばたきもまず根底に家族愛ありき。三つ子の魂が弱かったか……。痛感いたしました。

アメリカの法律は全く知りません。いいえ、日本の法律もよく知りませんが、彼女の父親の財産は再婚の折りの契約書に、「財産のすべてを再婚した女性とその連れ子に渡すこと」になっていると言っていました。実際、父親が亡くなった折り、すべての遺産は契約書通りに決済されたと聞きました。

この相棒ヴィルジニアの話が一番初めでどういう訳か、わがアパルタメントには何人も家庭の問題を抱えたハイティーンの人達がやって来ては、話し込んでいきました。教会のコーラスで知り合ったスイス人の一七歳の女の子、音楽院の同じ声楽科の学生だったニニ歳のユーゴスラビア人など理解を超えた、冷たく切られるような家族との疎遠体験談。聞く私も限られた時間内のイタリア生活で、週五回の追われるレッスンがあり、ゆったり聞いてあげられる時間はありません。また、問題の深さから見ても少しくらい私ごときが聞いても何もできるものでも変わるものでもないと思えました。

その時に思いました。将来、自分に余裕ができたら問題をかかえるハイティーンの外国人を家に置いて小さな巣の中で雛鳥をあたためてあげられることができたらいいなあと……。

マルゲリータ

マルゲリータは、サルデーニャ島の出身で、当時イタリア全土から大変優秀な学生が集まっているフィレンツェ大学の建築学科に奨学生として学んでいました。奨学金にもいろいろあって、彼女は優秀であり家が貧しいので一番高額なものをもらっていました。

でもそのためには、常に上位の成績を修めていなくてはならず、試験の度に極度の緊張に陥るほど精力を注ぎ込んで勉強をしていました。テスト期間中に緊張からかトイレに駆け込んでゲーゲー吐く姿を目にしたほど頑張り屋さんでした。「黒髪、満面ソバカス、かなりアクのある人柄」が第一印象。中身は温情に溢れ、「儀を見てせざるは勇無きなり」を地でいく人で、当時のイタリア的に言うと「地の果てから来た」私のことが気がかりだったからか、本質的に気が合うと見込んでくれたのか、お互い急接近いたしました。

マルゲリータは、日本茶が好きで煎茶を飲むと気分が落ちつくと言って、「アイコ、お茶を淹れて」と夜遅くアパルタメントにやって来たこともありました。毎日のように会ったりお互いのアパルタメントで食事をしたり、三日も会わないと、「どうしてたの？　ちゃんと生きていた？」と抱きしめ合うほどになりました。

相棒ヴィルジニアも、私も知らなかった学生専用の映画館にも案内してくれました。椅子もガタついた古ーい映画館で、古ーい映画を上映し、上映中何度もフィルムが焼き切れたり、雨の場面でもないのにざあざあ大雨のような縦線が入ったりします。キスシーンが展開しそうな場面になると、男性軍総員で上昇の大発声で大盛り上がり、期待はずれでキッスをしないで恋人たちが離れ始めるとまた男性軍総員で下降の消沈斉唱……。映画より学生たちの反応がそれは面白く、映画館に行くとイタリアの学生の中に自分もしっかり混じって共同体気分になれたものです。

マルゲリータの上前歯の真ん中に隙間があり、映画の帰り道に通りの向こう側を歩いている友人を見つけると「ピューーッ、ピューーッ」と辺りに響き渡る強烈な高音の口笛で呼びかけたりしていました。いつも誰かを従えて歩くことの好きな彼女は、新しい仲間も次々できる。すると私に紹介してくれる、一緒に食事に招いてくれる。

彼女のお陰でイタリア人の友人の輪が広がり、ヴィルジニアと二人、静かで勤勉な生活だった我がアパルタメントは、急に人で溢れるほどになりました。誰かが来て帰るとまた数人連れだってやってくる。そんな日々が続き、呼び鈴が鳴るとヴィルジニアと二人でテーブルの下に息をひそめて隠れる。

私たちの居室は五階で、ドアも厚く頑丈なので隠れることなど何もないのに……。机の下でヴィルジニアと顔を見合わせ、滑稽なことをしている自分たちが可笑しくて声を抑えて笑ったり……。

でも私は五分もすると机の下から起き上がって、声楽かピアノの練習を始める、いくらドアが頑丈でも音は外に漏れる。翌日友人に、「行ったけど会えなかったね」「うーん、留守していたのよ」「でもピアノの音が聞こえてたよ」。マンマミーア！　やれやれ彼は五分も待ったんだぁ。ばれちゃったと言う具合に、マルゲリータは私に友達の大きな輪を作ってくれ、イタリア生活の醍醐味を知らしめるきっかけを作ってくれました。

夏休みには、三週間彼女の故郷サルデーニャ島に招いてくれました。フランス領のコルシカ島とイタリアのシチリア島の間に位置するサルデーニャ島は、良質のアクアマリンを限りなく散りばめたような美しい海、夜空の星々、ヴィア・ラッテア（天の川）

の幻想的きらめきと流れ星。

一つ一つ手作りで飼い主のイニシャルの入った鈴を首から下げた羊の群れが遥かむこうからゆるやかな丘を行ったり来たりする折りに奏でる一つずつ微妙に異なる鈴の音。豊かさ余りある静寂も空気の無限の広がりも、まさにヨーロッパのオーケストラを聴くよう。

月明りの下、羊が動くと聞こえる鈴の音はなぜか私にはドビュッシーもきっとこんなところを切り取って作曲したに違いないと想われました。

当時は、海沿い以外の内陸は見渡す限り原野が広がり、自然発火もよく起こるほど乾燥し、灌木が生えているだけ。六〇年代に流行したジュリアーノ・ジェンマがよく登場し、日本でも一時流行したマカロニ・ウエスタンの撮影地だったとマルゲリータは得意げに言っていました。

サルデーニャ島の彼女の家は土間にベッドルームが一つとさしかけ風のトタン屋根の台所兼食事をするところがあるだけでした。家族以外とても寝泊まりできません。にもかかわらず私を含めて友人を六人も招き知人の別荘で過ごさせてくれました。マルゲリータのマンマは、日に一度海の幸の料理をどっさり運んでくれてそれは堪能しました。

このマンマは、マルゲリータの幼少期からの野望と才を認めていたのでしょう。朝から夜まで休むことなく働き、近所の家の掃除や皿洗いまでしてフィレンツェに仕送りをしていました。マルゲリータは、その母親の離れていても熱を感ずるほど深く濃い愛情をベースによく学び、全科目Aプラス、最高の成績で卒業しました。

「チネジーナ、ジャポネジーナ、ベッリーナ！」

町のあちこちの広場で毎週決まった曜日に、メルカートが開かれます。店を構えた八百屋、果物屋より新鮮で安く、メルカートは、何よりもイタリア人の生命の息吹を感ずる私の大好きな場所の一つでした。いやいやイタリアばかりではなく、外国に行く度、できれば寄りたいと思う場所で、それぞれの国の特色、食文化、生活が感ぜられます。相棒ヴィルジニアとは、アパルタメントから一番近くて大きい中央市場に土曜日に買出しに出かけました。屋台で、テントの下で、木製荷車で、あるいは地面に板を敷いて、近郊からやってくる数え切れないほどの八百屋、果物屋、そしてバジリコ、タイム、セージなど今は日本でも容易に手に入るようになったハーブだけを「オドーリ、オドーリ」（＝ハーブ、ハーブ）と叫びつつ板のうえに並べて売っていたりするオドーリは、一束四〇リラ、当時三〇円くらいだったでしょうか……。

天井の高い大きな倉庫のような建物の中では牛肉や豚肉、赤いトサカも目も羽もついた絞めただけの鶏やウサギ、皮を剥ぎとり切り身にしてあるので新鮮かどうか見分けがつかない魚、多種多様のチーズやハム、ソーセージ、ナッツ、ドライフルーツなどなど数えきれないほどのイタリア各地の特産品などを扱っていました。

広場の外の道の両側には、屋台の下着屋、傘屋、毛糸屋、刃物屋などがくっつくように並んでいます。どこも大声で「ヴェンガ！　ヴェンガ！」「つらしゃい！　つらしゃい！」。四〇年後の今も同じところで、同じような声で呼び込んでいて、何度行っても青春の血がたぎります。太めのイタリア男、おばさんのあの声、毎日、腹の底から出して、鍛え上げられた発声法の「ヴェンガ！　ヴェンガ！」。

はじめは怒鳴られているようで尻込みしました。アパルタメントの相棒ヴィルジニアは、私より六歳年下、アメリカではそれはお嬢サマだったので私の後ろから恐る恐るくっついて来ていました。それでも慣れてくると「ヴェンガ、ヴェンガ」が二人の耳に、特に胃袋に景気よく響き、声のデカイ方が新鮮なものを売っているようで、自然と足が向いて行きました。

買い物を済ませ、二人で一週間分の食料を下げて、メルカートのやり取りを思いだし、笑いながらアパルタメントの方に歩き出しました。ふとすれ違うイタリア男に「チネジーナ、ジャポネジーナ、ベッリーナ！」（＝中国のお嬢さん、日本のお嬢さんどっちかわかんないけどかわいいよ！）と、声をかけられます。オペラのレチタティーヴォの調子で、すれ違いざま親しみを込めた微笑みとともに、時にはバリトンで耳元に。始めは言い寄られるのかと思って一週間分の買い物を落としそうになるほどびっくりして、のけぞっていました。

1＄＝三六〇円、イタリア行きの航空運賃が片道二五万三千円。出国時の持ち出し金額が三〇万円と決められていた時代でした。まだまだ日本人は少なく珍しかった、我々もいまだに外国で、チャイニーズかコリアンか日本人かわからない時があります。

当時のイタリア人からは、日本人か中国人かわかるはずもなかった、ご丁寧に「中国のお嬢さん、日本のお嬢さん……」と両方言ってくれていました。

日本について、「フジヤーマ、ゲイシャ、カミカーゼ……」というような言葉は何人か知っていて、日本女性は何でも男性にかしずく、しとやかで、男が意のままに操ることができる……が流布されていました。

イタリア男性から見ると日本女性は、憧れ的、幻的、不可思議的イメージがかなり強かった……。今も心地よく耳に残り、伸ばす部分はみなイントネーションが上がる我が青春のメロディーの「チネジーナ、ジャポネジーナ、ベッリーナ」です。

アパルタメントの相棒は「……またー」と呆れ返り、ちょっぴり妬いていた嘆息を彼女の表情と共に覚えています。付け加えるならば、我が相棒のヴィルジニアは、金髪、ブルーグリーンアイズ、アメリカでモデルにならないかと声がかかったこともある私とは大違いの上品で清楚な美人でした。

「あんた、日本人じゃろう」

イタリアに着いてまだ間もない頃、フィレンツェ大学の外国人語学校に通学していた頃のことです。その合間にフィレンツェ音楽院の教授にプライベートレッスンを受けていました。

先生のお宅は、フィレンツェの郊外フィエーゾレ方面の丘陵地、木立に囲まれた邸宅が点在している所にありました。高級住宅街に思えました。先生は、その昔ドラマティックソプラノのオペラ歌手として活躍し、私が通っていた頃は、息子さんのアンドレア・デズデッリがテノール歌手としてフィレンツェでそして、イタリア各地でも、名をあげ始めていました。

通されたレッスン室は、五〇畳はゆうにあり、サロンコンサートも度々されていたのでしょう、どこに立っていたらいいのかしらと思うほどの広さ。窓には、見ただけで重さを感じるほどのひだのあるビロードのカーテンが下がり、壁は光沢のある布地張りで、クッションのように厚みがあり定間隔で布地と同色のピンで押さえてある、フィレンツェの職人が丹精込めて作り上げた椅子、伝統工芸的な飾棚などの調度品、壁に点在し掛かっている絵画も、高い天井から下がっているシャンデリアのかもしだすムードもそれはぴったりのハーモニー。

ヨーロッパの伝統的美しさの漂うまるでヴィスコンティの映画に出てくるような部屋でした。一時間のレッスンが始まり、そして終わりました。帰り道、高い木立に陽が隠れ始める頃、最寄りのバス停でバスを待っていました。

周りは人通りも無く、バス停には私以外だれもおらず、バス停から一〇メートルくらい離れた木立の陰に白熱灯の光が見え、キオスクらしきものがポツンとあるだけです。楽譜を抱え、身長一六〇センチ、体重四六キログラムのうら若き二五歳、気持ちも体も寒々としたそれは心細い思いをしておりました。

ほどなく陽が落ちてしまうと一気に暗くなって、「早くバス来ないかな……」と祈るような心地でした。そこへ突然、林の方の暗闇から音もなく私の前に一人の老人が現れ近づいて来ました。つばの広めの破れたグレーの帽子をかぶり、破れ目から出ているシルバーグレーの髪の毛は伸び放題、すその擦り切れた茶のロングコートをはおり、歯は前歯あたりに二、三本あるだけ、腰は曲がり片足が悪いようで杖をつき歩く度、体が傾いておりました。

彼は、私に近づくや否や、「あんた、日本人じゃろう」「そう」。高めのトーンの大きな声で続けて、「わしゃ、イタリア人は勿論、アメリカ人、イギリス人、中国人、フィリピン人あらゆる女と付き合った、でも一つだけまだ果たせんことがある、それは日本人なんじゃ」「……」「そこであんた、このすぐ近くに、わしの友達の空き家がある、そこに一緒に行こう、そしてわしの夢を叶えさせてくれ」

私は、声も出せず楽譜を両手でギュッと抱え込み、怖くて震えだしました。心で願うは、バスよ来い、早く来い、そしてキオスクのおじさん助けて。今にも手を引っ張られて連れて行かれそう！という所にバスの明かりが見えてきて、近づき止まってくれました。私はドアが開くや否や着ている物を引っ張られないように飛び乗りました。ドアが閉まり発車しました。何も知らずのんびりした顔の運転手を見た時安堵し、こらえていた怖さで叫び出しそう、体は震えたままでした。

席に着いてふとバスの後部のガラスから外を見ると、何とあのおじいさんが、杖をつき、何か大声で叫びつつバスを追っかけているではありませんか……。ウン十年後の今も、夕闇の中、背中を〝くの字〟に曲げ左手に杖をつき右手を挙げて叫んでいるおじいさんの顔をはっきり覚えています。

「カリーナ」

当時イタリアの音楽院では、個人レッスンが声楽専科のオペラ週三回、歌曲週一回、副科のピアノが週二回しっかりそれぞれ四〇～六〇分レッスンがありました。特に専科は、情容赦もなく毎回一、二曲新しい曲を与えられるので、楽譜を見るだけでも大変です。一日八時間以上練習しました。私の人生の中で、後にも先にもあんなに勤勉であったことはありません。シューベルトの歌曲の伴奏部分を練習していた時、弾きこなせた夢を見たり、先生が話されて解らなかったイタリア語が夢の中でその意味が解ったりもしていました。まさに夢中な日々でした。

アパルタメントの相棒ヴィルジニアは、時々「まだやるの……」と心配してくれて、散歩に行こうとか、ウィンドウ・ショッピングしようとか誘ってくれていました。

ある日のこと、そんな音楽院のハードなレッスンを終え、フィレンツェの目抜き通りを楽譜を抱え、「アヒル通り九番地」五階のアパルタメントに帰るため歩いていました。

私の二〇メートルくらい前方から、ぴったりべったりくっついて、男性は、女性の肩から回した左手でおっぱいをさわり、こちらが目のやり場に困るような二五歳くらいの若いエネルギーにあふれたムンムンカップルが歩いて来ます。男性は背が一八〇センチはあり、黒髪でピンクのシャツ、イタリア人独特の「我は男ぞ！」と誇示するように胸元のボタンを三つ四つ留めずに大きく開けていて、濃い胸毛がのぞき、胸には十字架のぶら下がった太めの金の鎖のネックレスを光らせています。

「我は男ぞ」氏が、じっと私の顔をみつめながら近づいてきます。だんだん距離がせばまって来ました。すれ違う瞬間、私の耳元で息をそっと吹きかけるように「……カリーナ……(……かわいい……)」(乗用車ではありません。念のため)。そのタイミングのいいこと、素早くそっと囁く声に心がこもっている風なこと、絶妙！でした。彼は私に囁いたあとも彼女とはぴったりべったりのままでした。

私は、今しがた終わった音楽院のレッスンのできの悪さも疲れも吹っ飛び思わず、「ニヤッ」としてアパルタメントに帰りました。

ピアノの先生

音楽院のピアノの先生が可愛がって下さり、レッスンの度にピアノ以外のこと、例えば生活はうまくいっているか、困ったことはないか……随分気を使ってくれました。自宅に食事に招いていただいたり、ご主人がオペラを主にした音楽評論家でもあったので、コンサートの招待券が二枚ずつあちこちから送られてきます。ご夫妻で行かれない時はよく私を誘って下さいました。

フィレンツェのテアトロ・コムナーレに行きますと、音楽院の学生は五〇〇リラ（＝三五〇円くらい。後に無料となりました）。席は天井桟敷。よく聞きに行っていました。オペラ上演の折も、オーケストラのみの場合もコンチェルトの折も指揮者は、世界的大御所となった、リッカルド・ムーティ、クラウディオ・アッバードがデビューし、注目され精力的に演奏活動を展開し始めた時代でした。二人ともまだ青年でしたが突出して将来を嘱望されていました。私の印象ではムーティはおとなしい演奏、アッバードには、華やかさがありました。

ピアノの先生と一緒ですと天井桟敷が特別席に。先生は「正装をしてきなさいね」とよく言いました。あの時代コンサートの良い席には、男性はタキシード、女性はロングドレス、秋口からは見事なロングの毛皮コートを羽織り、イアリングもネックレスもそれは煌びやかでした。

幕間に正装の男女が三々五々友人や知人とシャンパン片手に語り合っている様は、ゴージャスなオーラが立ち上り、地の果てからの小娘はただ羨望！でした。

ロングドレスも持ってはいましたが、やはり着物が一番。五枚持って行ったので季節に合わせて着て出かけました。着物の威力はすごい。先生と一緒だったからか幕間もみんなが丁重に接してくれました。周りからも目を引くので質問攻め、「これは全部絹か、帯はどうなっているのか、苦しくないか、下着は何を着ているか」などなど大騒ぎとなります。通りを歩いている時なぞ、バスはストップし、窓から手を振ってくれるわ、拍手は湧き起こるわ、ピューッ、ピューッと口笛は吹かれるわ、車を止めて写真は撮られるわ……、エライコッチャ。ソフィア・ローレン（古い！）にでもなったような気分でした。

当時、ピアノの先生は準教授でしたから、年間三〇回ほどのコンサート及び音楽院の規定の指導時間数をクリアーしないと国の認める教授になれません。日々大変勤勉で、忙しくしていました。そして例えばローマでコンサートをする三日くらい前、自宅に親しい音楽家や、素人でもプロ顔負けの蘊蓄を傾けるうるさ方二、三人を招いて、プレコンサートを開き感想を聞いていました。

私も何度か招かれ聴かせていただきました。さすがイタリア、まずは食事。常駐のお手伝いさんが手間暇かけた料理を二時間以上かけていただく、部屋も人の空気も温かく大変美味でした。食後、ピアノを囲んで演奏を聴きました。その時、シューマンのピアノ曲は綾なす糸のごとく音がからみあい、流れになっていくものだなと体にしみわたったことが忘れられません。

プレコンサートの後の締めくくりは、ドルチェと極上のシャンパン、そこでまた延々と続く蘊蓄会。時は優雅にゆっくりと流れ、先生の気配りある優しさとコンサートに向けて輝く目が大変美しかった。

マエストロ・F・コンティーニ

音楽院のピアノの先生に前々から、「せっかくイタリアに来たのだから、専科の声楽を音楽院以外の先生にもつくように」と言われていましたが、音楽院のレッスンごとに新しい課題が出るので時間的にとても無理でいつも返答に窮していました。

ある日、ピアノの先生はしびれを切らしたように命令口調で、「あなたのために夫と何度も話し合い、五人の先生を考えたのよ。この中でどの人を選ぶか決めなさい」。私に左手を差し出し、指を広げ順番に、親指からイタリア人のソプラノ歌手、人差し指はルーマニア出身の元大歌手……など、一人一人の説明をした後、「さあ、どの方にするの？」。アーもスーも言わせない口調で、「ノー」の単語はその場の空気にはありませんでした。ピアノに向いながら、先生の指をじっと見て「この方にします」と〝中指〟を指しました。「それでは、連絡をしておくので必ず行くのよ」

決められた日、言われた住所に重い足取りでしぶしぶ出掛けました。呼び鈴を鳴らしドアの前に立って待っていると、「ボン・ジョルノ、よく来ましたね、どうぞ」。その方が、マエストロ・F・コンティーニでした。

七〇歳くらいの温かさの漂う心の広そうな紳士でした。ケンタッキーフライドチキンの店の前に立っているオジサンよりもう少し上背があり、上品にしたような笑顔でした。第一回目のレッスン終了後、「是非レッスンしたいので来週から来なさい」「はい……」というわけで、またレッスンが増えました。

三回目のレッスンの時、先生とこんなやり取りがありました。

「シニョリーナ、なぜ君は、イタリアに来たの？」

「エットーレ　バスティアニーニのコンサートを聴いて決意し来ました」

「えっ、バスティアニーニ!?　きみ、彼はここでずっとレッスンしていたよ。きみが聴いた日本公演の際も選曲から仕上げまですべてここでやった。今、君が立っているでしょう、そこで彼も立ち練習したんだよ」

「！・！・！・！・・・・・・・・・！・！・！」

「日本公演の時、これとこれとこれ、歌ったでしょう？」と言いつつ先生はピアノをバラバラと弾き歌いました。私はまず、〝信じられない〟と言葉も出ず、次に感動と運命の不思議を感じ気が遠くなりそうで、クラクラしました。

レッスン終了後、私は一九六五年に上野文化会館で、「エットーレ　バスティアニーニリサイタル」を聴いた時のように酔った如くアパルタメントにたどりつき、相棒ヴィルジニアに日本からのあらましとマエストロ・F・コンティーニとの出会いを語りました。

日本のリサイタルは、選曲から表現までマエストロ・F・コンティーニとバスティアニーニの共同作業でなされました。七回ものアンコール後も聴衆が総立ちし、いつまでも会場から立ち去ろうとしなかったほどの感動を与えられた、それは、即ちマエストロに対する感激でもあったと思えること。

「歌の国イタリア」。星の数ほどの声楽家や指導者がいる、もし私がピアノの先生の〝中指〟でなく〝薬指〟を指していたらこの出会いはなく、全く違う人の所に行っていたこと。興奮のあまり語り続け、気がついたら空は明るくなっていました。

その後、マエストロ・F・コンティーニから、バスティアニーニをバス歌手からバリトンの方に才能があり転向するように勧めたこと、そのために細心の注意を払いながら導いたこと、マエストロの夫人もオペラ歌手でイタリア国内もエジプト、カイロでの公演にも一緒で大そう親しく「バスティ」と呼び家族同様の付き合いであったこと。死の直前まだ動くことのできた時、夜遅くに痩せ衰え、顔色の悪さを隠すためサングラスをかけ、大きなマフラーを頭からすっぽり巻いてコンティーニ夫妻から受けた親切に対してお礼を述べに来たこと、最後の最後は、電話をくれたこと。彼が元気であればシエナに共同で音楽院を作るはずだったことなど、様々なバスティアニーニとのエピソードを伺いました。

「ほら、君の後ろ見てごらん」

広いレッスン室の壁には、何枚もバスティアニーニと夫人が共演したもの、彼一人の舞台衣装姿の写真が飾られていました。夫人の父上が画家であったので舞台衣装姿のバスティアニーニの大きな油絵も何枚かありました。

私の受けたレッスンも素晴らしいもので、マエストロから忘れ得ぬ「イタリアの歌の心」を学んだ気がします。帰国を半年延ばしヴェルディのオペラのオーディションを受けて、舞台を踏んでから帰るように強く勧められました。でも私は「なぜイタリア」にも書いたように、音楽を仕事に結び付ける気は全くなく答えは決まっていました。

「ノー」

「半年間だけの延長だよ、君は音楽よりも結婚の方を取るのかい」

「はい」

マエストロは、かなり気分を害されましたが……。レッスンの折、先生の選曲が的確だったせいで声も伸びるようになり、褒められたことも何度かありました。

私自身は、イタリアオペラを歌える距離をこんなふうに感じていました。「私がイタリア人と結婚し娘を持つ、その娘が子供を生む、私の孫に当たる子がやっとイタリアオペラを歌えるのではないか」と。帰国を遅らせて、もし舞台を一度くらい踏むことができても縮まるような距離ではないと。

卑近な例えかもしれませんが、チーズと豆腐の違いのような。大豆からできた豆腐にいくら手を加えても牛乳からできたチーズにはならないような……。オペラを歌えるようになるには、三代はかかる距離があると感じたものです。

フィレンツェの路地で、イタリア人が、「アントーニオ。こっちへこいよ」などと呼びかける声は、まさにレチタティーヴォ。路地の壁と壁で声が反響しあい、音符が舞っているよう、イタリア人は、生まれ落ちた時から言語も環境もオペラ舞台のよう。窓を開けた五階のアパルタメントに下から響いてくる声を聞くと「……だからオペラがあるんだ」と何度も何度も納得がいきました。

エットーレ・バスティアニーニは、絶頂期に癌に侵され四三歳で亡くなりました。日本公演は、彼の最後の良き舞台となり、日本の聴衆は沸きに沸き公演は大成功でした。日本公演の前すでに病を抱えていたバスティアニーニは、数年間にわたり調子の落差が激しく、また最終公演となったアメリカシカゴ公演の折には、既に過去の栄光の姿は全くなかったそうです。名古屋日伊協会のメンバーの一人も全く偶然に同じコンサートに行った一人で、今もなお熱狂的なバスティアニーニファン。

数年前、彼女からイタリアで出版された『バスティアニーニ伝』を戴き、細々とまとめた大きな感激と共に翻訳しています。その中に、バスティアニーニの先輩で一世を風靡したあのマリオ・デル・モナコさえバスティアニーニの一言一句漏れのない詩の表現方法を賛美感嘆し、「何とかして彼の詩の表現のテクニックを学び盗りたかった」と寄稿しています。

　私がシエナで訪ね歩いて逢ったバスティアニーニの友人、音楽の同門生、誰もが同様に、胸の前に両手で大きな輪を作って「こんな大きな心の持ち主だった」と言っていました。人間的にもあたたかく皆に好かれていました。

　シエナ時代の同門生の一人を紹介され、お宅を訪ねた時のこと、二人でバスティアニーニのレコードを聴きつつエピソードを伺っておりました。途中彼女は急に静かになり、涙をはらはらと流しこう言いました。「私のよき友人であり、大好きであったバスティアニーニのことを東洋の果てから来た全く知らないあなたと語り合えるなんて……」

　素晴らしい音楽芸術とそれを表現できる人間は、時も国も民族もふんわり超越し、初対面でも何のわだかまりもなく深いところで結びつけてくれるものだと感銘いたしました。しかしながら、音楽活動以外のバスティアニーニの私生活は、生まれ落ちから死に至るまで、これほど悲しく苦しいことの連続があるかと感ぜられるものでしたが。ピアノの先生の〃中指〃を指し、マエストロ・F・コンティーニに会えたことは、私にとって、天のバスティアニーニから、「イタリアによく来たね。ほーら受け取ってごらん！」と、プレゼントされたように感じられ、何ものにも代え難い心の宝石となっています。

ウエディング

第十三次南極越冬隊の一員であったわが〝突然のアモーレ〟がいよいよ南極観測船ふじで南極昭和基地から帰国の途に就き、帰ることになりました。越冬隊員は、帰途ヨーロッパを七日間ほど旅できるオマケが付いていました。

昭和基地からアフリカのケープタウンまで南極観測船ふじで、ケープタウンからは、飛行機に乗り換え、スペイン、マドリッドを経由して、ローマの空港に到着しました。私は前日からローマ入りしてレオナルド・ダ・ヴィンチ空港に行きました。

我が突然のアモーレは、一年間雪と氷とオーロラとペンギン、そしてマイナス四三度を体験し、三〇人の越冬隊員と世間から完全隔離されたまるで修道士のような生活をしました。

かたや私は、人生は、愛すること、歌うこと、食べることを三原則に、生きることとは楽しむことが大前提、そして何より問題になるなと思うことに対しては、自分の考えと気持ちをきっちり述べるすべを身につけたことでした。曖昧な会話をすると必ずと言っていいほど突っ込まれます。そんな国イタリアに滞在しました。

かたや南極の越冬隊員は三〇人だけ。極寒地で生死も含めた危険と隣り合わせの生活。和、輪、協調、協力の世界、相手を慮り必要以上に突っ込まない。語らずともわかる阿吽の呼吸。

お互い反対色の中で気合いの入った一生懸命な時期を過ごしました。影響がないはずはない、二年間の生活感、習慣の違いが問題化するのでは、と少々気にはなりました。二年ぶりの再会、どんな顔をして会ったらいいかしら……。ドキドキと心臓がうれしさと感慨で飛び出しそうでした。ダ・ヴィンチ空港に彼を乗せた飛行機の到着のアナウンス。

皆なぜか一様に、当時ドブネズミ色と外国人から揶揄されたグレーっぽいスーツ姿の日本人の団体さんが出てきました。越冬隊の仲間の何人かは、私どもの劇的瞬間（？）をカメラに収めようと、石川より先に降り、前に出てカメラを構えていたようですが、私はメンバーの顔を知らないので気づきませんでした。

突然のアモーレが出てきました。イタリア式の熱き抱擁、はたまた熱きキッス……。いやいや現実は大違い。南極には床屋さんはいないので仲間内で〝ふじ〟の船上で素人床屋をやったそうで頭はトラ刈り、南極で伸ばしていた髭を久しぶりに剃って手元が狂ったのか頬に三センチ程の切り傷が二か所あり、血止めの絆創膏がペタペタのおまけ付き。日本出航以来一年半ぶりに着た背広の下からは、Yシャツが片方だらりと出ていて、ネクタイはこれまた一年半ぶりなのか歪んでいて〝あさっての方向〟を見ている。飛行機の中でどんな座り方をしていたのかズボンのひざがまるく出て、生まれ持ったオー脚丸だし。彼は、会った瞬間ちょこっと片手を上げ「よーっ」と言っただけ。

映画のような美しい場面はこれっぽっちもありませんでした。辛うじて私は手を差し出し握手を求めましたが、彼はそれも照れ臭いのかわけの分からない「ン、ン、ン」。手は出てきませんでした。

三月一五日、フィレンツェの郊外にあるレストラン「Zocchi」でイタリアの友人、お世話になった先生、そして南極の仲間計四〇人くらいの方々の出席のもと、結婚式を挙げました。

証人として石川の方は、第十三次南極地域観測隊越冬隊々長、川口貞男氏と同じ隊の医療担当の玉木芳郎氏(ニックネームが〝ドクターホリデイ〟=南極では菌がいないためだれも病気しないそうです)。

私の方の証人は、マルゲリータがつとめてくれました。皆さんの前で、日本から取り寄せた結婚届けにお互いサインし印鑑を押しました。既にアメリカに帰っていたアパルタメントの相棒ヴィルジニアもわざわざ私共の結婚式のために一週間前から駆けつけてくれました。日本を発つときから結婚式のために持参していた白い着物の着付けも彼女が手伝って着せてくれました。

シエナの郊外ロッカストラーダに住む、ムッツィじいさんとおばあさんも畑や牛や豚の世話をその日は休んで、四つ葉のクローバーのペンダントと手作りのケーキを作って持って来てくれました。ケーキはレストラン側も用意をしてくれましたから二つの心温まるおいしいケーキにナイフを入れました。

三日ほどフィレンツェに滞在し、本を一冊持ってよく行ったボーボリ公園、フィレンツェの街が一望できるフィエーゾレの丘の上、買い出しに行ったヴェンガ・ヴェンガのメルカート……。思い出深く立ち去りがたい場所を心に刻むように、我が夫ドッコイを案内しつつ、マルゲリータ、ヴィルジニアと一緒に散策しました。歩きながら、ワイワイ話しながらもフィレンツェから離れることを考えると胸がキュンキュン痛み、何回も「フーッ」とため息がでます。

別れの当日、親しい友人たちと涙の別れは決してしたくなくて、「さようならはなしね。チャオだけにして！」と、翌日またポンテ・ヴェッキオで逢えるくらいのいきおい、大変シンプルな挨拶で別れました。それにこんなに親しんだイタリア、当然一年も経てばまた来られると心の奥で思っていた……。

ヴェネツィア、ミラノ、アムステルダムをハネムーン代わりに、日本に帰国いたしました。帰国してから一か月後もう一度、夫ドッコイは紋付羽織袴姿、私は文金高島田・打ち掛け姿で両親と親戚のための結婚式をして、新しい生活に入りました。

以来、ウン十年、アヒル通り九番地のイタリア生活はちょっとセピア色に変色いたしました。

第十三次隊の南極記

南極観測隊員に採用される！

大学院生の五年間は研究室が中心で、一日のほとんどを大学で過ごしていました。自宅からの通学で、朝一番に出校して帰宅は夜一一時頃、寝るために家へ帰るだけで、これが毎日続き、土日も祝祭日もありませんでした。ドクターコースの三年を修了し、研究者として独り立ちせねばならない時期に、大学で南極観測隊の地質部門隊員募集の掲示を見かけたのです。

日本の南極観測は私の中学二年生の時に始まり、砕氷船《さいひょうせん》「宗谷」で未知の世界に乗り入れる冒険に満ちた心躍るものでした。それに直接参加できるとはなんと素晴らしいことか！　一九七〇年六月、心躍る思いで応募を決めました。同年夏には採用審査を受け、その後幾つかの病院で、健康診断、心理テスト、精神鑑定を受けました。精神鑑定は主に限られた人数の閉鎖社会で適応できるかを判定するためのようでした。それらを経て南極地域観測隊越冬隊員として選考されたのです。これで中学生の頃、町内の巡回野外映画で観た南極観測に実際に参加できる！と夢のような心地でした。

愛子さん――俺は決めたぞ

そのころアルバイトとして女子高校の非常勤講師をしていました。研究室が中心の生活で、唯一の息抜きが週一回の女子高校の授業でした。

南極行きが決まり、女子高校を辞めることになり、年度末の成績を提出するために高校の事務室を訪れた時、やはりそこに同じように成績を提出に来ていた女性教員に出会いました。そこにいた事務員が「石川先生は南極へ行くので学校を辞められるのよ」と言いました。彼女は非常に興味を持ったらしく矢継ぎ早に、早口で南極について聞いてきます。こちらはこれから行く南極のことをそれほど知っているわけもないし……。バス停でバスを待つ間話しました。音楽の先生、つまりこれが芸術家というのか、私の周りにいない感性だ。新鮮だ。面白い。それに美人かな。発想がおもしろい。少し口紅が濃いかな。いや真っ赤だ。よくしゃべるな。質問して自分で答えている。これはよい。俺は決めたぞ。これが直感というものだ。

私は翌日南極観測隊の訓練で乗鞍岳へ行くため、その準備もあって研究室へ帰り、そこですぐに彼女に履歴書を添えたプロポーズの手紙を書き、速達で投函しました。後は神様のお恵み・御心だけに託して。

冬の乗鞍岳で訓練

二月の乗鞍岳は雪ばかりですが、南極観測隊としての訓練ですから、雪があって当たり前。参加者もすべて冬山登山装束で、雪男を連想させ、学術研究をする人たちには見えません。未知の世界に乗り出す探検家風です。南極観測の第一人者である村山雅美さんが山小屋の中央に位置を占め、参加者を見回しています。村山さんはヒマラヤ登山の草分けで第一次南極観測隊員でもありました。若輩の越冬見習い隊員から見れば神様みたいで、村山さんと近くで接することができるなんて感激でした。

村山さんはストーブで沸かした湯で紅茶を飲み、君たちも飲めと言います。神様を前にすぐ手を出して良いのか迷います。この時、南極経験者は全てが友達づきあいで、これが南極の習慣らしいこともわかりました。

南極観測参加者はいくつかの班に分かれての訓練となりました。最初に雪に慣れるためと称して、雪洞を掘り、雪の中にテントも張りました。希望者は雪洞の中で一晩を過ごし、まるでボーイスカウトのようでした。次の日はスキー訓練です。私は大学生のころに一度スキーをしただけで、全く滑ることはできないので初心者のグループへ入り、ゲレンデで滑り方、曲がり方、止まり方を一日中練習しました。

三日目はスキーを履いて乗鞍岳の山頂登山で、スキーの裏に後ろへ滑らないようにアザラシの皮を取り付け、リュックに弁当を入れ、一列に並び、スキーを履いたまま登りました。登山道の途中の木々は雪に覆われ、幻想的です。おとぎの国へ来たような風景で、これが雪山の魅力かと初めは楽しんで登りました。しかし、スキーを履いたままでは実に歩きにくい、いくら後ろへ滑らないと言っても、やはり滑ります。

スキーは長いため前や後ろの人にぶつかったり、周りの木に引っかかったり、不自由この上なし。疲れとともに周りの風景が次第に見えなくなり、それでも汗を流し、イチニ、イチニ、調子を取りながら登り、どうにか山頂が見える所まで来ました。

山頂に登ると次は帰りの心配で、これが素人に一番大変なことでした。スキーは下へ滑り、止まってくれません。それも登るときはそれほど感じませんでしたが、下降斜面は急です。足がすくんで動けません。引率者は先に上手に滑り下りてしまい、はるか下のほうからこちらを見上げています。立ち往生をしている初心者に向かって言う事はただ一言「動きなさーい」だけです。急な斜面で動けば必ず滑り下ります。スキーを使って滑ると言うより滑り落ちることになります。難しい訓練でした。

乗鞍岳の訓練から帰宅したら愛子さんから「とっても嬉しい」という手紙が来ていました。

「イタリアへ行きます」

乗鞍岳の訓練から帰り、毎日のようにデートしました。

ある日、愛子が言いました。

「イタリア行きが決まっちゃった。五月の初めに出発です」

「え、どういうこと」

「前からイタリアで勉強したいと計画していました。カトリック教会のシスターの計らいで受け入れ先が決まりました。一足先に出発しますね」

デートを始めたばかりではありませんか。急なことでただただ驚くばかり。しかし、大賛成でした。私の出発は一一月です。それより先に愛子の準備をしなければならなくなりました。それに出発前に婚約をしておきたいし、じゃ婚約指輪を買おうという事で、劇的なプロポーズの機会がなくなってしまいました。あれよあれよという間に愛子の出発の時は来てしまい、羽田へ見送りに行きました。私は南極観測船「ふじ」に乗り込む時に、涙で見送ってくれる人がほしいと思っていたのに、見送る人になりました。

私と愛子では準備の内容が天と地ほど違います。南極には氷と石以外に何もないので、必要な物は全て持っていかなければなりません。お金は南極では使えません。日本へ帰国した時に自宅までの交通費があれば事足ります。愛子はまずお金の準備です。次に飛行機のチケットです。私は南極観測船「ふじ」に乗れば昭和基地まで行けますが、愛子はその当時片道二〇何万円かの飛行機代を支払っています。

南極で使う物は南極滞在の一六か月間、どのような事をするか想像して、必要な物を決めました。個人用の日用品は支度金で準備し、スーツは一着持っていきましたが、南極では一度も着る機会はありませんでした。写真のフィルムは二〇〇本、ビールは二〇ダース、本は専門書から小説まで読みたいと思うものを揃えました。後々サングラスの予備を持っていかなかったことを大変後悔しました。研究用資材は四か月かけて準備し、梱包して「ふじ」に積み込み、全部で一トンぐらいありました。

その他に極地用の防寒用品、作業用品、食料、嗜好品（酒、たばこ、菓子）などは支給されました。これ以外でほしいものは出発前に個人的に購入します。

行ってみて分かりましたが、昭和基地には倉庫の中に歴代の隊が持ち込んだ支給品が山積みになっていて「昭和デパート」と称していました。特別の注文をしない限り何でもありましたが、取扱品は衣料、日用品、行動用品、文房具で、「バー・ブリザード」にはタバコ、酒、ビール、ウイスキーなども並べられています。生活用品は多種多様多岐に亘ってありました。配給品ですからお金を必要としません。ただし、昭和基地内郵便局から出す郵便物の料金および国内家族と連絡を取る電報代は有料でした。日本から遠い昭和基地であっても、国内法が適用されるため日本国内と同じ料金でした。

他方の愛子はできるだけ、荷物を減らすように考えたようです。お土産とか着物とかイタリア生活に必要でイタリアにない物を準備し、イタリアで購入できる物は持っていく必要はありません。今は見ることもなくなったジュラルミン製の大と中のトランク二つの荷物で済みました。

出発前の暗号づくり

次に心配したのは二人の連絡方法です。南極とイタリアの間にはもちろん電話も郵便もありません。南極と日本では無線通信が唯一の手段でした。つまり、電報です。現在では人工衛星による電話が使えますが、当時は無線による電報のみでした。各隊員は五名まで南極へ電報を打てる人を指定できました。

お互いの連絡方法は、南極から愛子の実家へ電報を打ち、イタリアへ郵送してもらい、フィレンツェの愛子からは私の実家へ電文が送られ、郵便局から南極へ発信します。電報ですから受け取った人は当然内容を読めてしまうので暗号を考えました。よく使う一〇文字から二〇文字の言葉を二文字の暗号にし、その暗号を使って電文を書き送るという案でした。出発前の暗号づくりは大変面白いものでした。

実際、お互い現地で電報文を作成、読み解くのに時間がかかりました。言葉が限定されるため十分に自分の言いたいことを分かるように書けない、また複雑な内容までは暗号が決めてありませんので同じ内容になりがちです。初めは面白がって暗号入りの電文を作りましたが、しだいに面倒になり、普通の文章になり、その方が心の描写をはっきりと表現できました。

南極へ出航――約一か月間の観測船「ふじ」での船旅

一九七一年一一月、南極観測船「ふじ」は自衛隊音楽隊と大勢の人に見送られ、東京・晴海埠頭を出港しました。船が岸壁を離れテープが切れると、しだいに見送る人たちの姿が小さくなり、それとともに何か寂しさを覚えました。これから一年間、未知なる世界、南極で観測研究することに幾ばくかの不安もありました。それに愛子はイタリアにいるので当然見送りに来ていません。そのためか出港の騒がしさは何か別の世界のように感じました。

船の上で出港時の後片づけを終えて、各自の船室へ引き上げました。これからの長い航海中は南極まで仕事らしいことはなく、ただぼんやりと時を過ごすことになります。狭い船室は地球化学担当の張歌（ハリウタ、ニックネーム）さんと同室でした。船室は三畳ほどの広さの二人部屋ですが、一人でも狭すぎます。その中に二段式のベッド、小さい机とロッカーが据え付けられています。ベッドの上段は張歌さん、下段は私が使うことになりました。私用の荷物はバッグに入ったままですでにロープで固定され、船が少々揺れても移動しないようになっていました。

ある日、張歌さんは他の隊員のところで話し込んでいるのかいません。一人になったので、荷物の整理をしました。小さい机は二人の共用ですが、筆記用具など少しは置いてもよいだろうと、置いてみました。次にファイルから出てきたのは愛子の写真です。これをどこに置いたらよいか迷いました。張歌さんも私も独身です。彼に愛子の写真を見せたくありません。私だけの愛子ですから。そこで思いついたのが、私が使う下段ベッドの天井に貼ること。ベッドに横になると下段ベッドの天井は低く、目の上四〇センチメートルほどの高さです。少し頭を上げればよく見えるし、寝ていても普通に見ることができます。一番良いのは下段ベッドの天井の位置は立っている人の胸のあたりで目の位置より下です。誰もそこに写真が貼ってあるとは気が付きません。目を開ければいつも見ることができ、常に身近に感ずることができます。

船の中の時間を有効に使いたいのですが、困るのは船の揺れでした。実に気分が悪い。外洋に出ると波の波長が長いため大きく揺れ、気分が一段と悪くなり、ただベッドに横になり静かにしているしかありません。四、五日過ぎると慣れてきて、吐き気も治まり気分も落ち着いて快適な船旅になり始めました。

まず、南極観測船「ふじ」の探検をしました。「ふじ」は砕氷能力を持ち、厚さ八〇センチメートルの氷を連続砕氷出来ます。排水量五二五〇トン、全長一〇〇メートル、最大幅二二メートル、最大速力一二ノット、出力一二〇〇〇馬力、定員二四五人です。機関室からブリッジまで隈なく見て歩きましたが一日位あれば十分でした。次に飛行甲板での運動です。狭い船の上では運動不足になり、いくら運動しても十分でありません。

東京・晴海埠頭から南極昭和基地まで約一か月間の船旅ですから、ゆったりと時間を過ごせます。今までそのような時間を過ごしたことのない人ばかりですが、まずは読書が最適です。風の当たらないところに座り、ゆっくりと読書を楽しむことができます。南極へ持って行った本は、『白い大陸に賭ける人々』村山雅美編、『世界最悪の旅』チェリーガラード著、『コン・ティキ号探検記―筏による南海横断』トル・ハイエルダール著、『魅せられたる魂』ロマン・ロラン著、『罪と罰』ドストエフスキー著、『赤と黒』スタンダール著、『こころ』夏目漱石著、『明暗』夏目漱石著、『太平洋戦争史』今井清一著、『種の起源』ダーウィン、『小さな恋のものがたり』みつはしちかこ著でした。

また、長い船旅はこれから南極で一六か月間を過ごすために必要な人間関係構築の場でした。越冬隊員の多くは南極が初めてで、さらに各分野から派遣されたため、初顔合わせの者ばかりで、越冬生活に必要な和のためにお互いを知ることでした。船内の会議、食事、船室の訪問、赤道祭、南極大学、ふじ大学などの行事、飲み会などの交流が大切でした。

朝は六時二五分に「総員起し五分前！」の号令で起こされ、洗顔、ベッドの整頓、船室の掃除、食事と時間通りに進みます。今まで不規則な生活、つまり自由気ままな生活をしてきた身にはこたえました。驚くことに船では一日に四回も食事が出ます。朝食、昼食、夕食、夜食です。午後七時以降は船内全体に任務が解かれ、くつろいだ雰囲気になり、一六ミリ映写機で映画が上映されました。ふじの中で観た映画は森繁久彌主演の、社長シリーズで「社長漫遊記」などです。

今と違ってビデオの無い時代です。船員用の食堂に集まり、船上の夜長を過ごしました。

南極まで一か月間の長い道のりの始まりです。

南極地域観測隊

日本の南極観測は一九六〇年に始まり、途中に三年間の中断期間がありましたが国際観測という事で現在まで続いています。私は第十三次南極地域観測隊に参加しました。観測隊員は全員で四〇名。うち三〇名が越冬隊員で、一〇名は夏隊員です。越冬隊員は「泊まり組」、夏隊員は「日帰り組」と呼称されます。日帰りなどと言っても簡単に帰れないのが南極です。

越冬隊員の任務期間は一六か月間で、一九七一年一一月二五日に出発し、一九七三年三月二〇日に帰国します。この一六か月間に、南極に到着した時と帰国前の二回の夏期を過ごすことになります。越冬隊員は字のごとく〈南極の冬を越して〉任務を遂行・実施します。気象や超高層物理（地磁気、電離層、オーロラ）の定常観測、雪氷の長期観測、冬期の調査を必要とする部門とその隊の特定部門（地質、地球化学、医学）と、基地を維持する設営部門です。

他方、夏隊員は四か月間の任務で、出発した時と同じ船で一九七二年三月に帰国しますが、昭和基地に到着し、離れるまでの二か月間に調査、観測（生物、地理、測地）、輸送物資の搬入、基地建設を行い、越冬を終えた第十二次隊の撤収をします。また南極へ行くまでの洋上で研究を行う海洋部門に携わる人たちもいます。

南極観測隊の隊長と越冬隊長は気象の専門家で、四〇名の隊員中二二名が研究者です。その専門分野と人数は、電離層二名、気象三名、オーロラ研究三名、地震一名、地質一名、医学一名、地球化学一名、雪氷二名、海洋三名、地理一名、生物一名、測地一名です。第十三次隊の主要な仕事はオーロラ研究とロケット打ち上げ、雪氷部門の内陸氷床のコア採取、沿岸の地球科学的調査でした。

研究方法は各研究部門によって違います。

定常観測部門は超高層物理と気象で、二四時間観測ですので、交代して夜間でも仕事に就き基地内で計測機器による観測をします。

野外調査部門は地質、雪氷、地球化学、生物、地理、測地です。夏期に「ふじ」のヘリコプターが使える時はヘリコプターで、氷上を雪上車が使える場合は雪上車で現地へ行き調査します。現地ではキャンプ生活になります。

越冬時の沿岸調査は四月の秋調査と九月以降の夏調査に分けて行われました。四月はマイナス二〇度、九月はマイナス三〇度です。冬期の五月〜八月では、四三日間も太陽が出ない日があり、その前後も薄明かりがさす程度です。八月は気温がマイナス四〇度と低く、また日照時間も短いので、冬期は調査が出来ません。九月二八日から夏の沿岸調査が始まりました。

海洋部門は船上で日本から南極海までの往復に海洋生物や海洋物理の調査をします。

昭和基地の維持には多岐に亘る設営部門の人たちの協力が必要です。設営一般に基地施設の建設、維持、管理があります。エネルギー関係では発電機の運転、送電線の確保、各種燃料の管理などがあります。車両関係では雪上車、ブルドーザー、トラック、フォークリフトなどの車両の整備、運転です。通信関係には日本と南極間の定時通信、また外国基地との交信などがあります。それに生きる糧である調理、健康管理の医療もあります。

南極の季節

南極は南半球に位置するので、季節は日本と反対ですが、いつも寒冷ですので気温による季節区分はできません。日照時間の長さで区分されます。

一〇月、一一月、一二月、一月、二月頃が夏期です。一〇月初めは気温が低いのであまり活動ができませんが、一一月になると昭和基地気象庁より一一月二一日の日没（夕日）

は二三時四三分、翌日二二日の日の出（朝日）は〇時四一分と発表され、夜間は五八分間しかありません。二三日以降は日の出、日没が無くなり、一日中太陽が出ていることになります。これは水平線での計算値で、実際には地形や氷山が太陽光線を遮る障害物となり、一日中太陽が出ているのは二、三日後になりました。次に太陽が沈みだすのは一月二〇日ころでした。

一日中太陽が出ている時に南極観測船「ふじ」は昭和基地に到着し、南極越冬の基本となる基地建設を行います。

五月、六月、七月、八月が冬期で、日射量も少なく極寒です。特に五月三〇日から七月一三日までは太陽が出ません。「ミッドウインター」は六月二一日で、南極では真冬のど真ん中になりますが、日本の冬至や夏至などと同じように、寒さの時期も実際は少しずれて、七、八月が南極で最も寒い時期です。私はマイナス四三度でテントによる野営を経験しました。

夏と冬の間、冬と夏の間に短い秋と春がありますが、外観の変化がないためあまり意識されません。

私たち第十三次隊が乗って来た「ふじ」で第十二次隊は帰国し、翌年三月に第十四次隊を乗せて来た「ふじ」で私たち第十三次隊は帰国します。つまり、「ふじ」は南極海の氷が少なくなりだす夏期一一月に日本を出発し、約一か月間をかけて南極に到着し、約三か月間南極に滞在し、厚い氷に覆われる前の三月に南極を出て帰国するのです。

太平洋を越えて南極海へ

太平洋に出ると、一日中海を見て過ごしました。広くどこまでも続き、終わりを感じません。船の進む先は太陽が反射し、キラキラ光り、人生を切り開くように感じます。船の後ろは筋状に白い波が残り、航跡を印します。時々、漂流物が浮かんでいます。大きい物では船の残骸、どこから運ばれて来たのか空き瓶やプラスチックの容器も流れてきます。

男ばかりですから船上のロマンスなどありません。しかし洋々たる大海を存分に楽しむようには造られていません。〝観測船〟ですから旅の雰囲気を楽しむことはできました。

朝焼け、夕焼けは実に壮観でした。朝焼けは日の出前に起きて誰もいない船上で東の空が明るくなるのを待ちました。日の出とともに一瞬に雲の中に光が走り、雲が黄金色に染まり、一気に明るさが増し、今日一日の始まりを力強く引き出してくれます。それに反して、夕焼けは、海面に沸き立つ雲が赤色から茜色に染まり、太陽の陰の雲は暗灰色に縁取られ、それらの混じり合った雲が幾重にも積み重なった様は恐ろしい威圧感をおぼえ、そして次第に明るさを減じていく様には自然の驚異を感じます。

途中、オーストラリアのフリーマントルへ寄港し、野菜、肉、卵、果物などの鮮度を必要とするものを購入し搬入します。その間船上生活から解放され、五日間の上陸生活が許されました。まず、日本総領事館主催の歓迎パーティーがあり、次に西オーストラリア第一の町パースの観光ができました。英国風の美しい均整の取れた街並みでした。驚いたのは、午後一時ごろに商店が一斉にシャッターを下ろし、昼休みを取り、夕方六時に再び開くことです。パースは公園が多く、特にキングスパークは大きい樹木が生い茂り市民の憩いの場所で、園内の青々した樹木と芝生と青空の下で久しぶりに陸上の安定した気分を味わいました。その間領事館主催の歓迎パーティーで知り合った西オーストラリア大学の先生の案内で、片道五〇〇キロメートル走ってカルグーリーにあるゴーストタウン化した金鉱山の露天掘りも見学できました。

フリーマントルを出港し、南極海へ入ると、暴風圏に入り、船は波と風に翻弄されました。しかし、隊員は数週間の船旅ですでに海の男になっていて、少々の揺れに動じることはなく、船の揺れを楽しむほどに成長していました。海は単調な様相から荒波の変化に富んだ姿に変わり、船内ではあちこち物が転がり始めました。立ち姿で箸と茶碗を持ち、揺れに乗りながら食事をし、揺れの大きさを面白がるほど船に慣れました。

暴風圏を過ぎるといよいよ南極海です。巨大な氷山が次から次へと見え、波は急に静かになります。見えるものは氷山だけで、大きいもの、小さいもの、頭の尖ったもの、テーブル状のものなど様々です。氷山は白色で日光が当たると青色に輝きます。南極大陸に降った雪が固結してできたため、かき氷を握ったような雪質からなる巨大な塊です。初めは船の遠くに見えていた様々な形の氷山の数が多くなると次第に船に接近します。同時に船が氷山にぶつからないよう乗組員が船の周囲で見張りに立ちます。氷山は海水面上に一〇パーセント出ており九〇パーセントは水面下にあります。南極海の寒い中を一日中見張らなければなりません。

それをすぎると一面にパックアイスと呼ばれる蓮の葉状の氷が浮かびます。パックアイスはできたばかりの氷なので船の針路には影響を与えません。砕氷船「ふじ」はその威力を発揮し出して力強く進んでいきます。数日進むと海の全面が氷で覆われ、氷の薄い時はスピードが少し落ちますが、直進できます。

氷がしだいに厚くなり進行に障害が出るようになると一度バックしてスピードを上げ、前進します。氷の上に船を乗り上げ氷を割り、再びバックして、前進して氷を割る。これを何回も繰り返して氷原の中を進んでいきます。船は氷に体当たりをするのですから衝撃が伝わってきます。隊員の居室は船の側面に位置しているため氷の接触する音が激しく聞こえます。「ふじ」は真っ白な氷原の中に濃い藍色の航跡を残して進みます。

氷山が見え出すともう一つの楽しみはペンギンです。氷の間を泳いだり、また小さい氷山から海の中へ飛び込んだり、実に愛らしい姿を見せてくれます。ペンギンが現れるまで今か今かと船の上でじっと待つこと、これも楽しみの一つでした。

基地建設

第十三次隊員を乗せた「ふじ」は南極海の氷が厚いため、昭和基地の近くへ接岸できませんでした。そのため二五〇キロメートル離れたところからヘリコプターの出番となり、一九七二年一月一日に昭和基地へ向けて一番機が飛びました。一番機には恒例にならい隊長と艦長が乗りこみ、越冬中の第十二次隊員へのお土産が積み込まれました。新鮮な野菜、果物、卵、肉などと、越冬隊員が待ちに待っている家族や恋人からの手紙です。

いよいよ任務の開始になります。越冬に必要な物資が「ふじ」から昭和基地へヘリコプターで何度も往復し運びこまれました。南極観測船「ふじ」は、三機のヘリコプター（大型二機・小型一機）を搭載し、飛行甲板を持ち、大型のヘリコプターは一度に二トンの荷物を運搬出来ます。二九七回飛び四六八トンの物資を輸送しました。

昭和基地ではまだ前年の第十二次隊が基地の施設を使用していますので基地の建設期間は飯場棟と呼ばれる仮設の建物で寝起きすることになりました。建設の半ばごろから第十二次隊員で任務の終了した人から撤収が始まり、「ふじ」へ移動します。

昭和基地の夏は基地の建設作業で一日が始まります。一つ一つの作業は越冬するために必要なものです。船の乗組員は輸送を担当します。基地までの荷物輸送はやってくれますが、基地の建設には従事しないので基地建設は隊員の仕事になります。これまで重い物を持ったことのない私たちが鶴嘴《つるはし》とかスコップを握り、建物を建てる専門家の仕事をするのです。

第十三次隊は居住棟を一棟建てました。プレハブ建築で組み立てるだけになっていますが、犬小屋を建てるのとはわけが違います。居住棟の大きさは縦一四メートル、横五メートル、高さ二・五メートル。トレーラーの荷台に乗っているコンテナに似た細長い建物で、外壁、床、屋根は細長いパネルからなる冷蔵庫仕様の断熱材でつくられ、出入口のドアは大型冷蔵庫と同じでした。内部は中央に通路があり、その両側に隊員の個室が一〇室、一番奥に隊長公室がありました。建物は極地の自然環境に耐えられるように、外壁は冷蔵庫のように厚く耐寒性に優れ、高床式で、床下を風が吹き抜けるように設計されていますが、それは建物の風下側に雪が積もらないための工夫です。

建築の現場監督は、夏隊員で建築科に所属する大学院生でした。彼は今回建築物を初めて手がけました。他にとび職の夏隊員が一人いました。つまり、専門家は二人、その他は建築に関して素人ばかりの臨時労働者でした。

最初に組み立てる位置を決め、測量の隊員が測量機でレベルをとり、コンクリートで基礎を作ります。まずミキサーでセメント、砂、砂利、水を混ぜて生コンを作ります。気温が零度近くで凍結しそうです。コンクリートは凍結しては使い物になりません。凍結しないように生コンを高床式建築の基礎に流し込みます。次に基礎の周囲に足場を組み、パネルを組み立てます。床、壁面、屋根と別々の細長いパネルを四人で持ち上げて順番に組み立てます。パネルとパネルはコネクターで固定され、これが取れないようにしっかりと打ち込み、パネル間の隙間はシリコン剤でコーキングします。足場を取り除けば完成です。

この建物のパネルはコネクターだけで固定されていて、この固定の状態が南極隊員に必要な団結力を象徴するように思えました。白色のコネクターが使用されていましたので団結の印として「白のコネクター」という言葉が隊内で使われました。

このプレハブ造りの居住棟は簡単な組み立てで、南極の強風と極寒に耐えうる強度と耐寒性を持ち、さらに観測隊員の手だけで建てられる構造で、建設時に隊員の団結力が結集するように設計されていました。

南極は私にとって異次元の世界でした。事前に誰が作ってもできるように準備され、通常できないことをいとも簡単に可能にしてしまいます。しかも寒風にさらされ、迅速さを要求される建築工事を容易に行うことができます。何事も出発前に周到に準備・工夫されている日本の技術力の高さを感じました。

この居住棟は一月八日に地鎮祭を行い、一月一八日までの一〇日間で完成しました。「十三居」と命名されました。

次の仕事は電気配線の修理でした。基地は科学基地で、電力が生命線です。発電機二台が常時電力を供給していて、配線は地表面の近くに設置され、雪の中に埋まっています。修理が必要になると電線を掘り出し、凍てついたところで作業をしました。電線などの金具はすべてマイナスの温度で、素手で持つと皮膚が吸い付けられて張り付いて凍傷になる危険性があります。厚いミトンをはめて作業をするので小さいナットなどは持ちにくく、普通ならば一分もあればできる作業が三〇分もかかりました。

越冬用の荷物がヘリコプターで次から次へと運ばれてきます。それらをヘリポートで受け取り、仕分けして指定の倉庫へ納めます。多くは食料と燃料です。燃料は、重油、軽油、ガソリンで、電力、暖房、雪上車などに使われます。すべてヘリコプターによる空輸で、連日膨大な量が運び込まれました。ヘリコプターは、小型の雪上車を釣り上げる力もあります。なかなか壮観でした。大型の雪上車も「ふじ」に積み込まれて来ましたが接岸できなかったため上陸させることは出来ず、持ち帰りました。

特別の荷物にロケットがありました。これは電離層まで打ち上げ、宇宙線の状態を調べるためです。

この作業の間、第十二次隊員はただ私たちの仕事ぶりを見ているだけでした。そんなに一生懸命するとばてるぞ、気長に仕事をした方がよいぞと言うばかりでした。これが南極ボケかと思いました。しかし私たちが帰るときは、第十四次隊が来て同じように建設作業に従事していました。彼らも実によく仕事をしました。私たちは第十二次隊と同じように見学していて、よく働くなと驚いたものでした。

南極での初仕事

初仕事は夏期調査で、船からヘリコプターで出発した一〇日間の日の出岬の地球科学的調査でした。日の出岬は昭和基地から北東へ約二〇〇キロメートルの位置にある露岩地域で、プリンス・オラフ海岸の外縁にあり、南極海と接し、岩場の大陸側は雪原が広がり白一色で、ザラメのような雪質でした。調査のメンバーは雪氷、地球化学、生物、測地、地理、地質の各一名です。このメンバーは全員南極が初めてで、南極大陸上陸に興奮感激し、気持ちが引き締まりました。

食料と資材を一台のヘリコプターに積み、五名が乗り込み出発しました。ヘリコプターが着地した近くの日の出岬へ到着して最初の仕事はキャンプ地の決定です。に平坦地を見つけ、テントを張り、テントの近くに荷物を集め、雪の中に食料用の肉の塊を埋めました。超エコの天然冷蔵庫です。水は雪を溶かして使い、食事は、交代で調理します。朝食はコンデンスミルクを溶かし、乾パンをかじり、昼食は燻製の鶏肉、乾パン、缶ジュース、夕食はご飯を炊き、肉を焼いてステーキを作り、缶詰のカレーを食べます。南極は乾燥しているため水分不足になるので紅茶をよく飲みました。

露岩地域には草一本生えていません。もちろん、人がいないためゴミもありません。海は一面に海氷に覆われ、打ち寄せる波もありません。それでも一日に二回の潮汐《ちょうせき》の変化は、海岸線沿いに潮位の変化でできた氷の割れ目に海水が染み出たり涸れたりして見られます。人工物や樹木のない、石ころばかりの川原に立っている感じです。岩石は花崗岩質の片麻岩で灰白色の細い縞状構造でした。

南極での野外調査は危険回避のため単独行動は厳禁で、複数で行動することになっていました。私は測地の隊員と組みました。彼は日の出岬の山々に登り、その頂上に三角点を定め、三角測量をします。私も測線になるところを一緒に歩きながら調査をしました。この日の出岬の測量の成果は、後日地形図として公表されました。

地質調査では、露岩地域の岩石構造を観察し、地表面を歩き回って地質構造図作成のためのデータを集めます。調査に必要な地形図は、今回の調査と同時進行で測量中です。一〇年前に撮影された航空写真を頼りに歩きました。人工の構造物が何もないので地理上の目標がつかめません。もちろん気温がマイナスの世界ですから川もなく、たよりとする航空写真には岩と積雪の状態が撮られているだけです。雪は年によって分布が変わるし、目標の定まらない航空写真を元に調査しました。

調査を終え、キャンプのテントに帰ると夕食をとり、その後に調査のまとめをします。一月ごろは太陽が一日中出ているので夜一二時を過ぎても明るく、テントの中でランプなしで、十分にノートがとれます。南極についたばかりで張り切っているため休む暇なく、一日二四時間仕事ができる感じでした。

調査終了後はヘリコプターの関係で、砕氷船「ふじ」に帰らず、直接昭和基地へ向かい、そのまま基地建設に従事することになりました。私の主たる荷物は船に置いたままで、荷物搬送は船にいる隊員に頼みました。

そこで私は大変な問題を思い出しました。愛子の写真は私の下段ベッドの天井に張り付けたままになっています。そのうち帰国の第十二次隊員が私の船室を使います。写真を早く取り外さなければなりません。最も信用のおける隊員で、まだ船に残っている人は誰かと考えました。機械担当の梅吉ネエサン（ニックネーム）が善良そうでよいと決め、無線で船に連絡しました。私の大事な彼女の写真がベッドの天井に貼ってあるから、誰にも気づかれないように取り外して持ってくるように頼みました。梅吉ネエサンは一言「了解」と言ってくれましたが、ニュースの少ない船の中です。しかも無線で知らせたため、無線室にいる人たち全員に知られてしまいました。「それ、見に行け！」と五、六人で私の船室へ走っていったそうです。後日、梅吉ネエサンは愉快そうに話してくれました。

ニックネーム

越冬隊員には早い時期にニックネームが決まりました。ビリヤードが大好きだった「玉吉」（タマキチ）、南極で農業協同組合を組織した「百姓」、昭和基地内郵便局の「局長」、機械のトップ「社長」、アマチュア無線大好き「ハム吉」（ハムキチ）、南極大学の「学長」、名医であるが毒気のある医師「毒掘泥」（ドックホリデー、通称ドクター）、落語好きの「与太郎」（ヨタロウ）、夜間徘徊の「ヨルマ」、水木しげるの漫画大好きゲゲゲの「鬼太郎」（キタロウ）、どの場面にも顔を出す「大将」、苦労を買って出る世話好きな「張歌」（ハリウタ）、物知りで人に説教の「専務」、どじょう髭の「ドゼウ」、何でも引き受ける「ゴン」、閉鎖社会をユーモアで支えた「糠六」（ヌカロク）、愛子から「アイちゃん」、飯より麻雀大好きの「雀吉」（ジャンキチ）、なんでもガムテープで貼ろうとした「我無平」（ガムヘイ）、ウクレレ片手に陽気な「梅吉ネエサン」、カムイ伝に魅せられた「三平」（サンペイ）、ネコ髭の「ネコ」、立派な髭の「ヒゲゴン」、若者組の顔役「マスター」、地震計が命の「ナマズ」、伸びほうだいの「黒ヒゲ」、どんぶり飯の「ドンブリ」、目パッチリの「ダッコチャン」、ボクボクとのたまう「ボクチャン」、ラッパを吹いた「ラッパ」。

私は「アイちゃん」でした。一度も本名で呼ばれたことはありません。四五年後の今でもアイちゃん。後に、十三次会で愛子同伴の時は皆混乱しました。今も昔もニックネームでは、すぐ顔が浮かびますが、本名はなかなか出てきません。本書の登場人物はニックネームで示しています。

最終フライト

第十三次隊は一九七二年二月二〇日に第十二次隊と正式交代し、越冬期間に入りました。

南極観測船「ふじ」は三月二日にリュツォ・ホルム湾を離れ、三月二八日に氷海を脱出し、帰国の途に就きました。一方、第十三次越冬隊は翌年の一九七三年二月二〇日まで昭和基地で研究・観測をします。

「ふじ」の帰航が始まると、氷海を脱出するのに時間がかかるため、しばらく「ふじ」と基地の間にフライトがあります。しだいに両者の距離が大きくなり、最終フライトになります。

二月二六日、夕食時に隊長より突然、翌日二七日が基地・「ふじ」間の最終フライトと知らされ、同時に局長より手紙投函の締め切りは二七日正午と告げられました。これ以降に出した手紙は来年帰国の便になります。さあ大変！　夕食後、食堂からすべての隊員の姿が消え、残りの手紙書きとなりました。

しかし二七日、最終フライト当日は、天候不良のため中止となり、延期されたので、恩師、友人、知人等書ききれなかった人たちに年賀状代わりの挨拶状がさらに書けることになりました。

昭和基地内郵便局長は、すでに一五〇〇通の郵便物に消印を押し、最終フライトが延期されたため更に一五〇〇通の郵便物が追加され、消印を押すことになりました。手押しのスタンプでインキ・印、インキ・印の繰り返しを三〇〇〇回したことになります。

三月二日、最終フライトは夏隊員による重力測定と、隊長、張歌、アイちゃんによる秋期沿岸調査の氷上偵察を行った後、最終の郵便物を積み込み、最後まで基地で仕事をしていた二名の夏隊員を搭乗させて、ヘリポートで、越冬隊員が手を振り、足を踏み鳴らして見送る中を一路「ふじ」方向へ飛び去りました。

南極の野外観測——内陸旅行と沿岸調査

東オングル島内に設置されている昭和基地は、第十二次隊と第十三次夏隊が帰国したため第十三次隊の越冬隊員のみになり、人口は三〇人となりました。内四名は、内陸の「みずほ基地」担当でほとんど昭和基地にいませんでした。

二六名の基地内は閑散とし、ほとんど人と会う事はありません。各人は専門の仕事を持ち、最大の効果を上げようと努力をしていますが、寂しさは募ってきます。

およそ一〇〇メートル平方の基地内には、九居、一〇居、十三居の居住棟に三〇の部屋があり、一人一部屋です。部屋の大きさは、二畳くらいで、ベッド、小さい机と棚が整えられています。基地内の通信棟、気象棟、内陸棟、作業棟、電離棟、観測棟、管制棟、ロケット打上棟などの研究・観測に属する建物は、万が一の火事に備えて距離を保って建てられています。

地質担当は私一人でしたから、会議、食事、自由時間など人が集まる時以外は話す人はいません。野外調査の計画・準備、調査の整理・まとめ、文献による南極大陸の地質構造研究を黙々とこなしました。

夏期を過ぎ、しだいに気温が低下すると海に氷が張り、海氷は日ごと厚さを増し、厚さ四〇センチメートル以上になると雪上車が氷上を走れるようになります。四月の初めに、海氷の厚さや海流によってできたクラックを調査し、安全を確認して、内陸旅行と沿岸調査が実施されました。

・内陸旅行

内陸旅行は昭和基地から南へ三〇〇キロメートルの大陸内に建設された「みずほ基地」に人員と研究資材を送る支援旅行で、東オングル島と大陸の間のオングル海峡に厚さ四〇センチメートル以上の氷が張り、雪上車が渡れるようになると始まります。「みずほ基地」要員四人のうち二人は、みずほ基地に常駐し、残り二人は途中で交代します。

「みずほ基地」支援のために四回の往復があり、冬期の最も厳しい時期は往復と基地支援に三〇日間かかりますが、夏期の一月では天候が安定し、一日の日照時間が長く野外活動に適しているため一四日間ですみました。

「みずほ基地」では、氷床を掘削し、深さ一五〇メートルまでの氷床コアが採取されました。コアは氷床の表面から深部へ柱状の氷サンプルで、上部から下部へ古くなり、コアに含まれる空気の分析によって現代から過去にさかのぼって空気成分の変化から古環境を知ることができます。

この「みずほ基地」における大陸氷床掘削プロジェクトは第十二次隊で始まり、第十三次隊の掘削成果が各隊に引き継がれ、掘削技術の向上、掘削機の改良が行われ、掘削深度が増しました。第二六次隊では深さ七〇〇メートルに達し、一万年前までの古環境を解明できるようになりました。

さらに深部の古い時代の氷床を求めて、氷床が厚く堆積し、水平方向の移流のない南極ドーム頂上が掘削地に選ばれ、ドームふじ基地と名付けられました。昭和基地より南方三〇〇〇キロメートル、標高三八一〇メートル、氷床の厚さ二八〇〇〜三〇三五メートル、年平均気温マイナス五八度、最低気温マイナス九〇度の所です。二〇〇七年に深さ三〇三五メートルに達する氷床コアの掘削に成功し、これによって七二万年前まで研究できるようになりました。

・沿岸調査

リュツォ・ホルム湾の沿岸調査は地球化学の張歌と地質のアイちゃんが担当しました。ちなみに本地域は日本が南極観測を行う以前にベルギー隊によって調査され、沿岸、露岩地、島はベルギー隊の命名によるのでベルギー語が使われています。

沿岸調査では昭和基地から目的地まで雪上車で海氷上を通行するため、氷の厚さは四〇センチメートル以上を必要とします。気温の低下とともに氷の状態はよくなり、四月七日に海氷調査及びルート工作を行い、安全を確認し、越冬期、最初の調査として昭和基地から南へ二〇キロメートルのラングホブデを四月の中頃に七日間調査しました。この時期の日照時間は短く、太陽は日の出後、地平線を這うように進み、日没となり、調査できる時間は午前一〇時から午後二時ごろの四時間ぐらいです。昼食を午後二時以降にずらして調査時間を有効に使いました。この時期、海水面は全面に厚い氷が張っているため、夏期には湾の対岸まで行くのに海岸に沿って歩いたのが、雪上車で直進できて効率的でした。この時の気温はマイナス二四度でした。缶ジュースはリュックの中で凍り、缶を開けるとガスだけが噴き出てきたこともありました。

五月〜八月は日照時間が短いため野外調査ができず、昭和基地内で資料整理をしました。

七月三一日に海氷上の状態などの予備調査をし、九月二八日から夏期沿岸調査が再び始まりました。ラングホブデ、スカルブスネス、スカーレン、ブレードポーグニッパ、パッダ島など五七日間調査を行い、雪上車の走行距離は一三〇〇キロメートル余りになりました。この調査ではアクシデントが多数起きました。雪上車の故障三回（クラッチの焼き付けなど）、バッテリー消耗、シャーベット状のクラックへ雪上車を落とすなどして、救助隊が五回も出動しました。また、私も過労で脱水症状を起こし、昭和基地へ戻り治療を受けました。このようなトラブルが起きる毎に、直ちに救助隊が編成され助けられ心強かったものです。

一一月三〇日にすべての沿岸調査を終了しました。

・沿岸調査の設営

沿岸調査に必要な物は雪上車、荷物ソリ、カブース（住居用）、通信機、テント、食料、調理用品、燃料、調査用品です。人員は計四名で、うち二名はサポーターです。サポーターは昭和基地で比較的手の空いている人に頼みました。また昭和基地の生活は単調なため、越冬隊長は、設営隊員の気分転換を図るためサポーターに出してくれました。医療、機械、通信、調理などの隊員です。常に二人一組で調査をします。

サポーターの仕事は、第一に調査時の安全を確保することです。南極の露岩地は、雪と岩ばかりでどちらを向いても同じように見えるので方向を失い、迷い込む危険性があり、常に位置を把握することが必須です。第二に調査の援助で、地質調査は岩石サンプルを採取するためそれを運んでもらいます。一日に重さ二〇キログラムぐらいになりました。

私の調査のサポーターは延べ二三人にもなりました。スカーレンでは越冬隊長にまで採集した岩石サンプルを持ってもらい今も恐縮しています。

野外調査の時に最も苦労したのは無線連絡で、毎日夕刻に安否確認と調査報告のため昭和基地と連絡を取る決まりになっていました。調査状況、隊員の健康状態、設営状況、調査地の特記事項などを報告します。

昭和基地からは隊長の指令、ニュース、気象情報、電報などがあります。無線連絡が取れないと、昭和基地では調査隊に事故が起きたのではないかと想定します。南極の事故は死につながるので、何日も連絡が取れないと昭和基地から救助隊が駆けつけることになります。ですから無線連絡は極めて重要でした。しかし、電波状態が悪く連絡が取れないこともありました。また、無線機のバッテリーが問題でした。バッテリーが冷えると電気量が低下するので冷えないようにバッテリーを温めます。時にはシラーフの中に入れて抱きかかえて寝ました。

連絡事項の中に電報があると、多くの場合、個人情報で、他の人に知られたくありませんが、昭和基地へ帰るまで待てないので通信の隊員に電報を読んでもらいます。無線機の波長は他の旅行隊の無線機も同じですので全員に知られることになります。

キャンプの食事は一食ずつパックされ、乾パン、チーズ、コンビーフ、鶏肉の燻製、チョコレートなどが入っています。朝食は雪を溶かして、紅茶にコンデンスミルクを入れて水分を取ります。昼食も同じように水分を取るようにします。夕食はご飯を炊いてバターを入れ、肉を焼き、カレー、ボルシチなどを食べました。缶詰もたくさん開けました。

野外調査の服装は耐寒性のものですが、日本のスキー場の服装と変わりません。沿岸の岩場を歩くため、南極用につくられた靴は役に立ちました。南極は常にマイナスの気温で水は凍り乾燥しているため靴に水が浸みこむことがないので布製で通気性のある物でした。内靴、中靴、外靴の三重になり、長時間履いても足が蒸れないようにできています。足から出た汗は中靴の表面に霜状に白い氷の結晶となってついていました。

・南極の地質

南極大陸は南極点を中心に直径三〇〇〇キロメートルの巴形で、ゴンドワナ大陸の一部です。中生代前期の大陸移動前にはアフリカ大陸、インド大陸、オーストラリア大陸と互いに接していました。

調査地域のリュツォ・ホルム湾は東経三八度、南緯六九度。インド洋に面し、南極楯状地の外縁部に位置し、安定地塊の一部です。大陸はほとんど雪氷に覆われ、沿岸域に狭い露岩地があり、地質調査の対象地になります。南極の露岩地域は植生がないため岩石表面を被覆するものがなく、氷河で削剥され、磨かれている岩石組織が詳細に観察できました。

本地域は主に変成岩類及び深成岩類からなり、鉱物構成と産状から一三種に分類し、地質図及び構造図を作成しました。変成岩類は岩石学的記載に基づいて東南極楯状地を形成する岩石と一致し、先カンブリア時代の形成と考えられます。

本調査によりリュツォ・ホルム湾地域は三回の褶曲作用を受けたことが判明しました。初回はグラニュライト相の変成作用を生じた時で、波長二キロメートルで南北方向の褶曲軸を持つ相似褶曲。二回目は角閃岩相の変成作用時で、波長五キロメートルで東西方向の褶曲軸を持ち、同心円撓曲褶曲。三回目は同心円褶曲で波長が七キロメートルあり、褶曲軸は南北方向を示し、この後に断裂作用が生じています。

構造運動に伴う岩石変形は変成作用の温度・圧力条件と応力の加わる速度と方向によって変形形態が変化し、流動を伴う変形から撓曲変形に、さらに破断を伴う変形に変遷したことを示しています。

この地殻変動は南極楯状地を形成する構造運動と関係があり、南極大陸最大の構造帯である南極横断山脈に平行する褶曲運動はロス造山運動に関与するもので、リュツォ・ホルム湾の二回目の構造運動と一致します。

今回の調査で南極楯状地形成史の一部を明らかにすることができました。さらに地質情報を収集するために昭和基地から内陸奥地に露出する大和山脈及びセールロンダーネ山脈の調査と日本南極観測隊は発展しました。

昭和基地の生活リズム

昭和基地は外界と隔絶した無人地域にあり、一般社会と完全に孤立した閉鎖社会です。特に越冬期間は支援の人たちも帰ってしまい、三〇人の人口で、日照時間も短く、日変化の少ない環境です。この期間を南極で単に耐え過ごすのでなく、規律ある活動的な場にするためには一般社会と同様の生活リズムが必要です。基本は全員が揃う食事の時間厳守です。それは日々の生活の基本として大切なことでした。昼間は仕事をし、夜間は寝ることです。昼夜逆転になってはなりません。各個人に時間の乱れが生ずると隊が成り立たなくなります。

基地の一日は午前八時の朝食で始まり、昼食は一二時、夕食は午後六時と決まっています。これが一日の生活の基本になり、各人の仕事も食事時間に合わせ、生活のリズムを作り出します。日照時間のほとんどない変化の乏しい期間では特に必要なことでした。

朝食はご飯、味噌汁、漬物、海苔、梅干し、あるいはパン、コーヒー、紅茶などでした。朝食の時間は八時から九時までで、これ以降は全て片付けられ、時間に遅れた人は朝食を食べられません。実際、最初のころは全員が朝食を食べていましたが、次第に人数が減り、五～一〇人程度になりました。食べない人の理由は、一番が減量、二番が起きられない、三番が多忙（?）でした。

昼食は丼物、麺類、パスタ、カレーなど一品料理が多く、ほぼ全員がそろいました。基地生活は職住接近で公とプライベートの区別がなく、つまり生活そのものが仕事でした。

夕食は和食あるいは洋食のコースで、一日の一番の楽しみでした。夕食の時に一日の報告や連絡事項が行われ、日本から届いた電報が配達されました。

食後はそれぞれ娯楽の時間で、飲みながら語り合ったり、ビリヤードや麻雀に興じたりして過ごします。基地では、アルコール類は自由に飲むことができましたが、人に勧めてはいけない規則になっていました。自分が飲みたいだけ手酌で飲むのです。これは酒の消費量を抑える手段でした。

「赤い鈴蘭」

日曜日と木曜日の夕食後にドゼウ一級映写技師により映画が上映されました。歴代の隊が持ち込んだフィルムが五〇本ほどありました。古い物ばかりで今では歴史的映画です。「自由学校」「片目の狼」「三等重役」「乳房泳者」「剣鬼」「あの指定車をねらえ」「赤い影法師」「陽気なドングロ」「男ありて」「おしゃべり社長」「三人の求婚者」「王将」「不滅の熱球」「背後の人」「汚れなき悪戯」「高原の駅よ　さようなら」「愛染香」「花の大障害」「春の戯れ」「女の一生」「我等パリっ子」「人肌孔雀」「天竜しぶき笠」「暴れんぼう兄弟」「勝利と敗北」「オスマンの婿選び」「ビルマの竪琴」「赤い鈴蘭」「半処女」「鰯雲」「二等兵物語」「スラバー殿下」「女の診察室」「鳴門の花嫁」「戦国群盗伝」「花と竜」「絶海の裸女」「気違い部落」「男性諸君」「ぽんこつ」「兵隊ヤクザ」「野菊のごとき君なりき」「殿様弥次喜多捕物道中」「この広い空のどこかに」など。

この中で「赤い鈴蘭」は一九六三―一九六四年にNETテレビ（テレビ朝日系）で上映された連続テレビドラマです。若き西田佐知子、加賀まりこが出演しており、大変人気がありました。全四〇巻ぐらいで、一巻の上映時間は三〇分でしたので、赤い鈴蘭一巻と他の映画一本が毎回上映されました。このドラマはアイヌの民話を元にしたもので、温泉旅館の娘が婚約者を友人に取られ、愛していない男と結婚するかどうか迷う悲しい物語でした。毎回少しずつ物語が進行していくのですが、途中で物語の進展に我慢できなくなり、残り九巻を一度に上映するかどうかアンケートをとり、連続二日間で上映することが決定。この時、ドラマの進展を予想するアンケートも行いました。多くが愛する者どうしが結婚するハッピーエンドを予想しましたが、映画では愛の無い結婚は成り立たず、主人公が独身を通す結末でした。これでみんな落ち着いて仕事ができるようになりました。また面白いことにドラマの途中に三分間ほど画面が暗転して、コマーシャルが入っていた部分があり、その時間はトイレ休憩に使っていました。

越冬期間の中頃には全ての映画を観てしまい、リクエストの多い物を再上映しました。「王将」「おしゃべり社長」「戦国群盗伝」は人気があり、五回ほど観ています。

【思い出の主題歌】

赤いすずらんは咲く
北国の春の野に
遠い昔　アイヌの乙女が
恋人に捧げた命

恋する乙女は
今もその胸に
赤い赤いすずらんを咲かせる

遠く去ったあなたに
命をかけた恋が
今も今もこの胸にあると
つたえてよ　赤いすずらん

「赤い鈴蘭」
作詞：楠田芳子（日本シナリオ作家協会）
作曲：木下忠司

昭和基地の郵便事情

昭和基地には昭和基地内郵便局があります。郵便番号は一〇〇―七〇でしたが、郵政民営化後の現在は銀座郵便局昭和基地内分室と称し、郵便番号は特に定められていません。

郵便局長は郵政省電波研究所から派遣された隊員が兼務しています。日本国内と同料金で手紙やはがきが日本国内へ送れます。また日本国内から昭和基地へ送ることもできます。

普通、南極に友達がいないため手紙を出すことはありませんが、南極に興味のある方は昭和基地の隊員宛か越冬隊長宛に出してみましょう。その際、往復はがきで出すことを勧めます。昭和基地内郵便局のスタンプが押されて返信があります。あるいは昭和基地内分室のスタンプは、〒一〇〇—八七九九　東京都中央区銀座八丁目二〇の二六　日本郵便(株)銀座郵便局気付「昭和基地内分室」スタンプ係へ依頼しましょう。重要なことは南極へ物資輸送を行う「しらせ」は年に一往復しかありません。年に一度の「しらせ」出航の直前(一〇月ごろ)までに投函するとよいでしょう。

南極の郵便物は南極観測船によって運ばれるため、船の運航に大きく影響され、手紙が届くのに時間がかかります。たとえば第十二次隊の帰国の「ふじ」は氷海からなかなか脱出できず、日本へ三月二〇日に到着する予定が五月一六日になり、この日以降の配達になりました。

南極観測船が任務を終え、昭和基地を離れるころになると、越冬隊員は基地と「ふじ」間の最終フライトに間に合うように手紙を書き郵便局長に渡します。これに遅れると翌年になり、帰国と同じ船で運ばれることになります。

越冬中、隊員は親しい人の誕生日、結婚記念日など特別の日に手紙を書きます。それを局長に渡すと記念日の消印を押して昭和基地内郵便局の郵便袋に入れ、翌年に第十三次越冬隊員が帰る船で日本まで運ばれます。

私は越冬中に何通も愛子に手紙を書き、局長の所へ持っていきました。「誕生日は年に一回しかないだろう?」と言いながら消印を押してくれます。これらの手紙は日本に帰国後、全部同じ日に愛子に着きました。

局長は電離棟で本職の電離層観測をしているため、一日中オーロラレーダーの計測機に取り囲まれ、孤独な毎日を送っています。時々、手紙を持っていくと、これ幸いと次から次へと仕事の話が出てきます。私もオーロラ研究の話を聞くのが楽しみでした。

昭和基地の連絡は電報で

一九七一年当時の昭和基地には、電話は無く、連絡方法は無線のみでした。郵便は使えましたが、一年に一往復する船で運ばれるため通常の連絡には役に立ちません。そのため日本から個人の連絡は郵便局から打つ電報のみでした。隊員個人が指定した特定の五名だけが利用できました。

日本から来た電報は昭和基地の二名の通信担当者が受けるので、家族、婚約者、恋人、愛人などのプライベートの内容は彼らに全て解ってしまいます。夕食時に電報を受け取るのですが、受け取るときにすっかり親しくなっている通信担当者の瞬き一つで、ドキッとします。

誕生日に来ないとか、他の人より少ないとか、長い間こないとかは、精神状態に少なからず影響を与えました。短い電文ひとつで途端に顔色が良くなったりします。電報は外社会から個人への唯一のニュースソースです。公開される電報は回し読みし、小さな事柄でも喜びを分かち合いました。

エイプリルフールには電報が多数来ました。特に、普段来ない人に来ました。「コドモデキタ」、「コレカラソチラヘイクムカエタノム」などの隊員間のフェイク電報でした。

八月に電離層が乱れ、七日間も通信が不能になりました。この間に電報が大量にたまってしまいました。普段、一時間半で送信、受信が終わるのに、三時間かかっても受信だけで送信は一通も出来ませんでした。通信の鬼太郎は通信の秘密として受信電報の数を言わないのですが、数十通は受信したようです。夕食時に電報が配達され、受け取った者はニコニコ顔でしたが、受け取れなかった者も多く、鬼太郎を恨めしそうに見るだけでした。

アマチュア無線

昭和基地にはアマチュア無線局があり、第一次隊から継続的に各隊の有志によって開局されています。外社会と接触の少ないところなので大変に人気があります。南極は僻地ですので珍局として日本のハムからも交信の希望が多く、発信と同時に三〇局以上のハムからコールがあり、四〇分間で七局とコンタクトが取れました。特に日本に帰国している第十三次総合隊長の清野さんと交信できた時、ハム吉は興奮のあまり涙を流していました。昭和基地アマチュア無線局は8JLRL。仕事休みの日曜日の午後に交信することが多く、ラッパ、鬼太郎、ハム吉、雀吉が主なメンバーでした。

ハム吉の電報

日曜日の午後、ハム吉はいつものように趣味のアマチュア無線で「CQ、CQ」、日曜日の楽しいひと時を無線で過ごしていました。基地生活のストレスを和らげ、心が解放できる。基地外の誰かをキャッチでき、未知の人と話ができる。いつもの限られた顔と違う人たち、しかも外界の話題とニュースが聞ける。

しばらくすると清野さんが割り込んできました。日本の夏の暑さについて語り、南極の寒さがうらやましいと言います。こちらは寒さを通り過ぎて、凍り付いているのに。清野さんは何を思ったか、「奥さんに電話するから番号を教えて、何か伝えたいことはないかね」と言いました。

この言葉にハム吉が日頃思っていることにスイッチがはいってしまいました。「家内は一本も電報をくれない。他の者は毎日受け取っている。俺たち夫婦はどうなっている。たまには電報がほしい、離婚だ」あの冷静なハム吉が血を吐く胸の内を清野さんに言ってしまいました。

清野さんは驚いて、ハム吉をなだめて「まあ、まあ、結婚生活も長いとそんなものですよ。一応お伝えしますが」となりました。

翌日、通信員も驚く内容の電報を受信し、いつも素通りするハム吉にニヤニヤ笑いながら長い電報を渡しました。

ハム吉は周囲を見回し、何もないような顔をして電報を受け取りましたが、ニコニコ顔は隠せず、一人で上機嫌に誰にも話しかけ、いつものハム吉ではありませんでした。電報がどんな内容であったかは分かりません。

七〇キロ会

二月二〇日に第十二次隊と交代し、越冬期間に入りました。基地生活に慣れ、気温の低下とともに建物内で過ごすことが多くなり運動不足と高カロリーの食事のため体重が増加することに気付き、予防のため七〇キロ会を結成しました。次が規約です。

〈七〇キロ会規約〉

第一条（会の目的）本会は南極の極寒に耐える体力を育成することにある。

第二条　本会の会員は次の資格を有する者で構成される。

（1）東オングル島の住人である。

（2）七〇キロ以上の体重を有する。

第三条　入会及び退会

（1）資格を有する者は本人の意志にかかわらず会員にならなければならない。

（2）資格を失ったときは速やかに退会しなければならない。

第四条　会員の義務

（1）会員は週二回風呂場に置かれた体重計で会員であることを確認しなければならない。

（2）会員は集団で海氷に乗ることを慎まなければならない。
第五条（会員の特典）会員は風呂場に置かれた体重計に優先的に乗ることができる。
第六条　会の本部は昭和基地で最も風の強い日刊十三次社の屋上に置く。
第七条　本規約は一九七二年三月一九日より発足する。
この時の公認会員は、アイちゃん、ドゼウ、ヒゲゴン、ボクチャンの四名でした。帰国時には会員は一〇名になりましたが、自己申告ですから実情は不明です。

サロン代わりだった気象棟

気象観測は定常観測で基地開設以来、一日二四時間の連続観測をしています。気象庁から気象専門家が三名派遣されていて、常にこのうちの一名が気象観測に従事しているので、いつ気象棟へ行っても話し相手に会えます。仕事、研究に疲れた時、人恋しくなった時など喫茶室代わりになります。気象観測はハム吉、ゴン、三平の三名です。ハム吉は年長者で、南極は初めてですが、小笠原諸島の孤島・鳥島で気象観測の経験を持ち、僻地研究の第一人者で、どんな過酷な環境でも冷静に乗り越えられる人格者でした。ゴンは二度目の南極観測で、南極諸事に精通し、知恵袋でした。三平は年少者、南極は初めてで、南極観測見習い中でした。

気象観測では毎日、上層気象観測用のバルーンを上げます。バルーンは大きな風船で、七個が収納されている荷を週に一個開きます。この中に週刊誌や雑誌が二、三冊入っています。これはバルーンを納入する業者が南極用に特別に入れてくれた嬉しい贈り物です。バルーンの荷を開けるたび古い週刊誌が週替わりに読めるので、気象棟へ行くのが楽しみでした。

気象棟はいわばサロンで、一人で作業している者にとって、心休まる場所でした。入れ替わり立ち替わり気象棟に出入りし、基地内の人間関係の情報センターでもありました。

真冬の南極大学

越冬期間の六月、七月は気候的に最も厳しい時で、野外調査もできないので、内陸の「みずほ基地」要員を除く全員が基地にいました。南極大学は五月三〇日から七月一三日までの一日中太陽を見ない最も活動できない時期に企画され、各隊員の専門分野が講義されました。日曜日は昼食後に、平日は夕食後に一三回開講し、毎回二人の講演者が一人持ち時間三〇分間で行いました。

講師は普段の作業着から一張羅に着替え、多数の書物と資料を抱え、演台に立ち正面を向いて静かに一礼し、聴衆の学生に慈愛の満ちた温かな目を向けて語り始めます。一方、学生たちは思い思いの姿勢でノートを開きメモを取ります。最前列に座る学生は講師の一言一言を頭の中へ理論正しく刻み込むように聞き入っています。中間に座る学生は講義内容に対する知識を持ち、内容を確認するように相づちを打ち、講話に没入しています。後方に座る学生は何のために参加しているのか、何も理解できなくて、ただただ、講演後の酒盛りだけを楽しみにしています。多くの学生は後方に座っていました。

雪の上に寝て見るオーロラ

オーロラは三月から一〇月ごろの午後一一時ごろから午前三時ごろまで見られます。全天にたなびくカーテンのように動き、天空から赤色や青色の光が縦じわのカーテン状に染まり輝きます。カーテンと天空に明瞭な境はなく輝きの濃い部分が周囲へ向かって薄くなり、輝きの無い暗色に変化します。

昭和基地ではオーロラが出現する時期になると、オーロラの輝きを妨げないように建物の窓から光が漏れないよう灯火管制されます。そのためオーロラの輝きによって岩山、建物、アンテナ群などが薄墨色のシルエットとして地上に輪郭を描き、全天にカーテン状あるいは天の川のように広く輝きます。

オーロラの研究班はオーロラ出現の予想や、見事なものがみられると放送してくれます。真夜中の一一時過ぎにマイナス三〇度の屋外へ防寒着、防寒帽子、手袋と重装備でカメラを持ってオーロラ鑑賞に出ます。

高感度のフィルムで写真を撮りますが、オーロラは暗いため、三〇秒ほどシャッターを開けます。シャッター時間の調整は大変に難しく、試行錯誤です。オーロラは天空に現れるので常に空を見上げるため、雪の上に仰向きに寝て見るのが最適でした。三〇分も外にいると体が芯まで冷えてきます。カメラも冷えてしまい、カメラを室内へ持ち込むと、カメラのレンズが結露で曇ります。

オーロラの観測——ロケットの打ち上げ・大気球

第十三次隊の主要な任務の一つにロケットの打ち上げがありました。高さ一〇〇キロメートルまで打ち上げ、電離層内の希薄な大気が発光するオーロラ内の電子密度を測定する目的です。初回のロケット打ち上げは、オーロラが出始めた頃の二月一二日午後三時で、打ち上げ隊員の動き回る姿が止まった瞬間に轟音とともに白煙を残して一瞬に南極の青空へ消えていきました。写真を撮る間もなく皆、「あーっ」と一声出ただけでした。

四月に一回、五月に二回、八月に一回、オーロラが鮮明に出る真夜中の打ち上げとなりました。午前二時の打ち上げを待つため、食堂でまず夜食を食べ、ついでにウイスキーで成功を祈って乾杯、各自の防寒着を着込み、カメラの位置を決めます。発射台ではロケット班が計器、ロケットの発射角度、気象状態と情報集めに苦労しているのに、一般隊員は花火の打ち上げと同じでお祭り騒ぎです。ロケットは秒読みとともに轟音を発し、一瞬に発射台とその周辺を浮き彫りに照らし、オレンジ色の炎を強烈に発し、直線的に天空へ伸びていきました。

最後のロケットの打ち上げは一二月中頃の磁場や電離層の乱れた真夜中に計画されました。ロケット班は一二月七日夜からスタンバイし、打ち上げ条件が整ってきたので、一三日には打ち上げ祈願晩餐会。厚さ三センチメートルのビーフステーキと赤ワインで祈願し、レモン風呂で身を清め、一四日〇時二三分に打ち上げ。ロケットはオレンジ色の炎の尾を引いて雲間に吸い込まれていきました。ロケット打ち上げ室ではロケット発射音に勝る爽快な音をたててシャンパンが抜かれました。

直径一一メートルの大気球には、七〇立方メートルのヘリウムガスを入れ、高度三〇キロメートルまで上昇させます。磁場擾乱時の高層電場を観測するのが目的です。ガス充填時の大気球は上部が丸く膨らみ下方に尻尾状に細くなり、その下部に測定機器を取り付けます。大気球は上空に昇るにつれ、大気圧が下がると膨らみ大気球になります。

一一月、日照時間の長い時期、大気球にヘリウムボンベ一〇本分のガスが充填され、放球前に風の方向を調べるため直径五〇センチメートルの赤色の風船を上げ、風が風速二メートル以下になるまで待って放球しました。この光景をとらえようと海氷上で皆がカメラをかまえます。気球は太陽に映え、白い海氷と白い大陸を背景にゆっくり上昇していきました。

各施設を結ぶ命綱

昭和基地は居住棟と各観測棟や各施設を結ぶ道路にロープが張り巡らされ命綱となっています。その他、基地を取り巻くようにロープが張られています。これはブリザードの時や夜間に道を迷わないためです。

越冬が始まる三月の中頃、設営のボクチャンの監督により命綱の点検が行われました。

命綱が積雪で埋まっている所はかさ上げされ、ブリザードで壊され、古くなっている部分は取り換え、また補充されました。使用された新しいロープは六五〇メートルにもなりました。

低気圧の発達で台風並みのブリザードと呼ばれる強い風が吹きます。ブリザードは、風と共に雪の粒子を伴う嵐です。第十三次隊が最初に会ったブリザードは風速三八・二メートルでした。昭和基地は建設中で野外に置かれたベニヤ、空き箱、空ドラムなどが風で散乱し、電離棟周辺のアンテナ群の損壊、建物の屋根板が飛ぶなどの被害が出ました。

ブリザードは越冬期間中に多数襲来するため、女性名を付けて区別しました。越冬隊員の妻、恋人、母親などの名前が隊員名簿順に付けられ、昭和基地を離れるまでにちょうど越冬隊員人数分の三〇回のブリザードが襲来しました。ちなみに、八月二〇日のアイコブリザードは暖かい風を吹き込み、八月の最高温度を記録し、昭和基地で一次隊のマイナス三・九度に次ぐ観測史上二番目のマイナス四・六度でした。八月の気温は通常マイナス三五度前後です。

ブリザードは雪混じりの暴風で吹雪状態になります、ブリザードの時に外へ出ると吹雪に取り巻かれ、雪が周囲の風景を妨げて白一色になり、何も見えなくなります。これをホワイトアウトと言い、一メートル先、いや三〇センチメートル先も見えません。方向を失い、動き回ると目的地から離れ、自身の現在地が分からなくなり、見えるものは足元の岩と雪ばかりで、風に押されて風下へ流され遭難します。これを防ぐのが命綱です。命綱に沿って行けば必ず建物へ帰れます。冬期の夜間も真っ暗で、方向を失うことがあります。遭難した場合は命綱を探す冷静な判断力が必要です。

命綱の設置は、第四次隊の福島紳隊員の遭難の教訓によるものです。福島隊員は、一〇月の激しいブリザードの中、当時ソリに使われ、ロープにつながれて飼われていた樺太犬に餌を与えるため、同隊の吉田隊員とともに外に出て遭難しました。

ロープは福島隊員の犠牲によって設置され、ロープを辿っていけば必ず帰れるように張り巡らされています。またブリザード時の外出禁止などの対策が講じられ、その後殉職者は出ていません。どの隊も福島隊員の命日一〇月一〇日に慰霊祭を行います。

樺太犬ホセ

昭和基地の外来動物は人間以外に樺太犬ホセがいました。ホセは「ふじ」が第四次隊を乗せて南アフリカのケープタウンに寄港した際、同じく寄港していたベルギー隊からプレゼントされた犬ベルガの子です。いったん日本の村山雅美氏の山荘で飼われ、第七次隊の時に生物の研究備品として持ち込まれました。

ホセは、私たちの第十三次隊時にはすでに南極生活六年を過ごし、南極大ベテランの住犬でした。ホセは私たちを普段通りの顔で迎え、新しい住人に対して親愛の情を示すわけでもありませんでした。

越冬二回目のゴンは「ホセ、また会えたね、仲良くしようぜ」と手を出します。ホセは、尻尾を二、三回振るだけでした。ホセは「玉吉も百姓もドゼウもまた来たな。何か土産をくれるかな。オールドパーを一本ぐらい持ってきてくれてもよいのになあ。古い友と再会できて、こんなに嬉しいことはない。南極は冒険に満ちた未知の世界だ。一度来ると癖になる」と思ったようです。

ホセはすぐに調理担当の大将に近づき、尻尾を振り「これで旨い物が食えるぞ」と、一年間の付き合いを宣言しました。なかなかの知恵者いや知恵犬です。ホセはしばしば大将を散歩に誘い、必ず大将と鎖で絆を保ち、縄張りであるオングル島の岩場や名所、旧跡を案内しました。オングル島とアンテナ島の海峡はダボハゼ釣りの極秘の穴場でしたが、それを大将に教えました。ここは潮の流れで氷が薄く、クラックが至る所にあり、乱氷の瀬戸です。大将を安全な氷盤に誘導し、大将が氷に穴をあけ、嬉々として釣る姿を見るのが楽しみでした。ホセと大将は常に屋外では南極の掟により単独行動を慎み、鎖友達で南極の冬を過ごすことになりました。

ホセには、「昔の事故の教訓により、犬に餌をやりに行って遭難したとは絶対に言わせたくない。俺には隊員の安全確保の責任がある」という自覚がありました。

極地のペット、時には人間以上に人を慰めてくれたホセは、一九七六年二月、昭和基地で息を引き取りました。

一九九一年に採択された「環境保護に関する南極条約議定書」によって外来生物持込禁止となり、ホセは南極持ち込みの人間以外の最後の生き物になりました（五味、二〇一六）。

一酸化炭素中毒事件

内陸基地支援の旅行隊が出発します。メンバーは百姓、マスター、ダッコチャン、クロヒゲ、ヒゲゴン、専務の六名。この旅行隊をとっつき岬まで伴走することになりました。とっつき岬は大陸へ入る登り口で、ここは雪上車で荷物ソリを大陸へ引き上げ、大陸へ入ることができます。一般に大陸と海の境界は大陸氷が押し出し、段差ができて氷壁となっています。しかし、とっつき岬には小さい露岩があり海氷面から大陸氷床上まで急な斜面ではありますが上ることができます。大陸へ入る最初の難所です。

大陸へ上がると白一色の平坦な雪原になります。見えるものは旅行隊によって持ち込まれた非常用品と針路を示す旗竿のみ。雪原は絶え間なく吹く風によってできたサスツルギーと呼ばれる高さ三〇センチメートルほどの凹凸の波状乱面が広がります。そこに雪上車の進んだシュプールが雪原のかなた奥の地平線まで伸びています。これは旅行隊が進む道標です。

旅行隊がとっつき岬を無事過ぎたことを確認し、エールを送り、手を振り、見送りました。旅行隊はエンジン音を響かせ、力強く前進して行きました。本日は一六キロメートル先のF十六地点まで進む予定です。

先を急ぐ旅行隊とはあっけない別れをし、とっつき岬の非常用品の状態を調べ、帰路に向かいました。上った斜面を下り、海氷面に降ります。大陸から海へ押し出された氷山は海氷に閉じ込められ、日光に照らされ、白く輝く氷山の間に印されたシュプールをたどります。乗員は無口で、ただエンジン音だけが響いていました。

大陸の氷床面を流れ下る地吹雪を雪上車の背後から受け、後部座席の窓の破れから排気ガスが侵入し、ガソリン臭が強く、目に沁み、搭乗者を悩ませました。運転者は与太郎、助手席はゴン、後部座席には局長、ナマズ、雀吉。車は氷上を快適に走り、与太郎はさらにアクセルを踏み、スピードを上げて先を急ぎました。助手席のゴンは侵入する風に悩まされ堅く窓を閉めました。

後部座席の三人は長時間の疲労で眠くなり、車酔いも感じていました。頭が重く、気分が悪かったのです。局長は居眠りをはじめ、ナマズは気分が悪いのか身を小さくし、固まった状態でした。雀吉は車酔いで不快感が帰路の間ずっと続いていました。しだいに天候が悪くなり、風が強く吹き、寒くて仕方がない状態になりました。岩島を過ぎたこと、基地が見え始めたことなどは覚えていますが、その後は何も覚えがありません。突然に雪上車が止まり、ガックンと大きなショックを受けました。雪上車は作業棟の前に止まっていました。

ゴンは「着いたよ」と起こされましたが、なかなか起きません。それどころか何か寝ぼけたことを言っています。ふらつきながら雪上車を降りました。体がゆらりゆらりと波間を漂っているように揺れています。一日の疲れで足がもたついていると思っていました。気分が悪いと思っていると頭がガンガン痛み出しました。五人ともダウンし、血の気の無い真青な顔色にトロンとした目、脈が速く、一様に頭痛を訴えました。一緒に行った五人の仲間はお互いにどうなったか覚えていません。後に一酸化炭素中毒とわかりました。もう少しで命を落とすところでした。

ドクターは一日寝れば治るよと言うだけで何も薬をくれませんでした。やぶ医者め！普通ならば、スコッチの一本ぐらいを処方するものだ。

凍傷

四月一六日、内陸・みずほ基地要員四人は支援要員四人とともに出発し、支援要員は五月一六日に基地整備を終えて昭和基地へ帰還しました。みずほ基地では糠六、ボクチャン、ダッコチャン、マスターの四人で氷床コアの採集が始まりました。

六月一二日、みずほ基地よりダッコチャンが凍傷にかかったというニュースが入り、皆を心配させましたが、翌日より詳しい情報が途切れ途切れの通信で入ってきました。それによると、オーバー手袋なしで野外作業をしていて、指が痛くなり、懐に入れて温めたが、さらに作業を続けるうち、痛みを通り越して感覚がなくなったそうです。約一時間後に室内で手袋を外してみると、右手小指の第二関節より先が灰白色に変色していたので急いで温湯につけました。そのうち血色はかえってきたが、指全体が激しく痛み、鎮痛薬を注射しなければならないほどでした。翌日、同指は水膨れを生じ、他の指の知覚は回復しましたが、小指は全くしびれたままだというのです。

ドクターの指示が的確に行われ、大事には至りませんでした。これは第二度凍傷で、約二週間で知覚は回復するが、つめは剥離するものと予想されます。第三度に進行して指が脱落しなかったのは不幸中の幸いでした。痛みが無くなる段階で野外作業は中止し、厳重な警戒が必要です。気づかぬまま寒冷環境で作業を続ければ、第二度、悪くすると第三度の凍傷にまで発展してしまいます。予防には、痛みが生じた場合、必ず温かいところで手袋を取って指の色を見ながら温めることです。

［凍傷　マイナス四度以下の寒冷刺激で発症］
　第一度　表皮まで　　　発赤、疼痛
　第二度　真皮まで　　　浮腫、水泡、無痛、鈍麻
　第三度　皮下組織まで　壊死、凍結、白化

ヨルマはロケットの打ち上げが中止になり、打ち上げ棟を閉じ、ロケット格納作業のために暖房用燃料のホースを引っ張り出しましたが、マイナス三〇度の寒さのためホースは固くなり、さらに強く引っ張った瞬間、ホースが折れてしまいました。マイナス三〇度の油が噴き出し、この油が暖房機に漏れて火災になっては一大事。しかもこの部屋の隣のロケット組立室には火薬が置いてあります。とっさに素手で油の噴き出ているホースの先を夢中で抑え、油は止まりました。大声で人を呼びましたが、返事はありません。基地は人口希薄地で通る人は皆無です。手は冷たくなる一方です。でも、隣室に人の気配がしたた

郵　便　は　が　き

467－0803

お手数ですが、
切手を貼って
投函してくだ
さい。

名古屋市瑞穂区中山町５－９－３

桜山社

ゴールは結婚　イタリア―南極―万三千キロの恋

係行

このたびは小社の書籍をご購入いただき、誠にありがとうございます。今後の参考にいたしますので、下記の質問にお答えいただきますようお願いいたします。

●この本を何でお知りになりましたか。

□書店で見て（書店名　　　　　　　　　　　　　）

□ Web サイトで（サイト名　　　　　　　　　　　）

□新聞、雑誌で（新聞、雑誌名　　　　　　　　　）

□ラジオ番組で（番組名　　　　　　　　　　　　）

□その他（　　　　　　　　　　　　　　　　　　）

●この本をご購入いただいた理由を教えてください。

□著者にひかれて　□テーマにひかれて

□タイトルにひかれて　□デザインにひかれて

□その他（　　　　　　　　　　　　　　　　　　）

●この本の価格はいかがですか。

□高い　□適当　□安い

ゴールは結婚　イタリア―南極一万三千キロの恋

●この本のご感想、著者へのメッセージなどをお書きください。

お名前　　性別　□男　□女　　年齢　　歳

ご住所　〒

TEL　　e-mail

ご職業

このはがきのメッセージを出版目録やホームページなどに使用しても

可・　不可　　ありがとうございました

め、夢中で大声で呼びました。学長が走ってきました。手は感覚がなくなり、油の冷たさがわかりません。「もっと急いでくれ」。夢中で大声を出しますが、なかなか来ません。今度は手を湯に入れた時のようにポカポカしました。やっとのことで学長が到着し、すぐ折れたホースを渡し、手の平を見ると握ったままの形で両手が凍っていました。気分が悪くなり、そのまま床に倒れてしまいました。学長に油の処理を頼み、連絡を受けたロケット班のメンバーが油の後片付けをしてくれました。火事にならず大事には至りませんでした。ヨルマは素手でマイナス三〇度の油に触れ、第二度の凍傷となったのです。

洗濯騒動

昭和基地では水を節約するため洗濯当番が洗濯をすることになっていました。共同洗濯に出すものは主に作業着で、下着などは風呂の時に手洗いしていました。

素人洗濯屋は一度に三〇人分の洗濯をしますが、実際はこれよりも量は少ないので、人情として一回で全部の洗濯をしてしまいたい。これが欲の出し過ぎで、脱水機に全部の洗濯物を押し込んで回転させると、脱水機は生き物のように踊り出し、二人で抑えても踊りは止まりません。社長は偏心回転によるオーバーローと言うがそんなことどうでもよい、非常ベルが鳴りだし、基地中の者が押し寄せ、何事だ、どうなっていると大騒ぎ。まいった、まいった。

四月中頃、ヒゲゴンとラッパが洗濯当番でした。内陸支援と沿岸調査のルート工作が始まり、野外活動が盛んになり、汚れ物が一度に出始めました。また内陸のみずほ基地要員は内陸で洗濯ができないため、出発前に汚れ物を全部出しました。三回に分けて洗濯をしましたが、途中で粉石鹸が無くなり、昭和デパートの店主ボクチャンが提供した香りの強いニュー洗剤を使用することになりました。しばらくすると薬品臭が漂い、ラッパがさらし粉臭いと言い、気分が悪くなったので休憩したいと訴えましたが、医師のヒゲゴンは日頃薬品を扱っているので、このくらいの匂いは消毒臭と同じで何も異変を感じませんでした。洗濯が終了し、脱水機に入れ替える時、ボロボロに穴の開いた物、白色の斑点が付いた物が多数出てきましたが、多くは作業着だから擦り切れて変色した物もあるとヒゲゴンは気にもしませんでした。相棒のラッパはこの匂いはたまらない、何でもよいから早く終わりたいと作業を急ぎました。大量の洗濯物だ、なかにはいろいろな模様の服があり、町の人が着る最近の流行で、田舎出の俺のものとは違うと思ったりしました。何はともあれ、新しい石鹸は匂う、この作業棟は暑い、早く仕事を終わりたい。

通りがかった大将が「何だ、この匂いは。塩素臭いぞ。何を使った」。「ボクチャン提供のニュー洗剤だよ」「これはさらし粉だぞ。洗濯ものをよく見よ。この白色は脱色だぞ。穴まで開いているではないか。俺の白衣はどうなった」「白衣は白色でちょうどよいよ。穴が開いたのはごめん」

後日、昭和デパートのボクチャンが粉石けんとさらし粉を間違えたと責任を認めました。被害品は昭和デパートで代替品が提供されることになりました。

イグルーの建設

八月、内陸支援隊を送り出した日曜日、雪入れ作業後にイグルー建設の声が上がりました。イグルーとはエスキモーが狩りに出かけたときにつくる雪小屋です。日曜日で時間もあるし、天気も良いし、面白いとドゼウ、ナマズ、雀吉、大将の四人で作業にかかりました。

積雪の多い天測点近くに位置を決め、直径三メートルの円を描く、まず五〇×三〇×二〇センチメートルの大きさで雪のブロックを切り出し、長経五〇センチメートルを円に沿って並べ、壁の厚さ二〇センチメートル、高さ三〇センチメートルで基礎をつくります。この基礎の上へ二段目、三段目と積み上げ、三段目から内側へ傾けます。しかし、マイナス三〇度では雪は互いに接着することなく、すぐ崩れてしまう。ドゼウは雪のブロックを水で凍結接着するため、局長に「水を持ってこい」、「トーチランプを持ってこい」と散々こき使った挙句、二時間後にようやくイグルーの形ができました。

しだいに野次馬が集まり、形の調整、壁の補強、出入口の形などいろいろと意見を言いますが、手を出そうとはしません。夕刻六時ごろに、ブリザードに耐えうる強度でやや傾いたピサの斜塔様イグルーが完成しました。

翌日は快晴に恵まれ、イグルーの落成式が行われ、早速、バーベキューパーティーの開催となりました。イグルーの中は定員五人で中央に石油コンロを置き、一番奥にバーベキュー番、外側の四人がお客です。室内温度の上昇と一酸化炭素中毒を心配して入り口を開放しました。肉とアルコールは食堂から調達し、午後一〇時開店。室内の明かりはローソクで雪壁に反射して白く輝き幻想的でした。まず肉を焼くと、もうもうと煙が出て前の人が見えなくなります。出入り口の人をうちわで排出係にしました。普段とは異なる場で一層美味しく感じられます。酒はガンガンに冷え、のど越しが良い、ウイスキーはいくらでも飲めました。

ドゼウと大将と一緒にイグルーでの外泊を決行しました。イグルー内は意外と温かく、床にマットレスを引き、その上のシラーフの中に潜り込みました。数分後に気象のハム吉が来て、「今夜は風が強くなる。気をつけて」と心配してくれます。イグルー内は外の月明かりがブロックの隙間から差し込み、薄いブルー色でした。ドゼウはいつの間にか高いびきで、やかましいこと。大将も寝てしまいました。気象のハム吉とゴンの声で夜中に突然たたき起こされました。「風が強くなった。早く避難せよ」。室内は一面に二センチメートルほどの雪が吹き込み、風速二五メートルの風が吹き荒れていました。彼らはイグルーの崩壊を心配して、シャベルまで持ってきていました。命綱を片手にやっとの思いで避難。みんなに心配をかけました。

後日、雀吉は麻雀大会を企画し、四人のメンバーを募り、一晩過ごしました。その他は持込の居酒屋、野外泊のホテルとして利用されました。イグルーは盛況でした。

冬旅行隊の帰還

三週間前の八月二四日に昭和基地を出発した旅行隊が帰還の途にありました。内陸基地「みずほ」支援の旅行隊が大陸端のとっつき岬に到着したとの報が入りましたが、ブリザードのためクギ付けとなり、オングル海峡の大陸側で三泊。ようやくブリザードも収まり、帰ることができるようになったのです。

基地では一行を迎えるため、全員作業の雪入れを三〇分早め、出迎えの準備に入ります。出迎えの雪上車には極寒の中の旅行隊のため、温かい味噌汁とぜんざいを積み込んで送り出しました。

調理担当は特別な夕食の準備に入ります。その他の隊員は旅行隊の見える岩場に上りカメラをかまえます。海氷上を雪上車五台と荷物ソリ一一台が一列に並んで見事な隊列です。それが基地近くで一旦止まり、五台の雪上車が横一列に並び、各雪上車は二、三台の荷物ソリを引き、横列で前進して基地方向に進み、帰還しました。基地のカメラマンはこの思いもよらないパフォーマンスに喜びに喜びました。

旅行から帰ったボクチャン、マスター、社長、ドクター、ドゼウは風呂に入り、垢を落とします。雪焼けの顔はいくら洗っても赤黒い色はそのまま。その後、すき焼き料理で家庭的雰囲気を満喫しました。ボクチャンとマスターは内陸から五か月ぶりの帰還で、内陸食や行動食ばかり食べていた二人にとっては野菜、糸コンの入ったすき焼きが最高の料理でした。

床屋

ヨルマさんが営む「ヨルマ床屋」は風呂日の昼下がりに開業されました。お客は公園やガード下で見る長髪族と同じで、いつハサミが入ったかわからない人たちばかりです。髪は伸び放題でちぢれ、束ねられて匂いを漂わせています。また髭も伸び放題でどこに口と鼻と目があるのだろうか。同じような風体の男たちが無愛想な顔をして順番を待っています。風体の割には礼儀正しく列を乱したり、怒鳴り散らしたりはしません。三時間ばかりの間に五人の客があり、店主はこの仕事が楽しく嬉々としてハサミとバリカンを使い、お客の希望など何も聞こうとしません。お客はおとなしく店主のなすままです。刈り終った客は感謝の言葉を述べ、小さい声で文句を言って去ります。

「何だこれは！」

「女房に見せられないぞ」

「タダだから仕方がないか」

「もう、何か月も給料を受け取っていないし、金なんかないぞ」

この他に有名な床屋として、老練な技術で年配者向きの社長床屋、バリカンで全て仕上げるハム吉床屋、極めて丁寧で時間のかかるボクチャン床屋、ハサミの音で心地よくさせるゴン床屋、山奥住人向きの雀吉床屋がありました。オングル住人は好みに応じてどの床屋かを決めていました。

スポーツ、娯楽

四、五月になり、仕事も一段落し、心の余裕も出来て、仲間と一緒に余暇を過ごすようになり、スキー、ソフトボール、サッカーの屋外スポーツが行われました。

スキーは基地近くの「国際スキー場」で行います。ロープウェイがないため急斜面を徒歩で登り、これだけで息が切れます。雪山の頂上より斜滑降ですべるとブリザードで吹き寄せられたサラサラの雪の所は心地よい。所々アイスバーンが顔を出し、ガリガリと音を立て、急にスピードが上がり、海氷まで一気に滑り降ります。所々、岩が飛び出し危険でした。

ソフトボールの試合は二〇歳代と三〇歳代以上のチームに分かれ戦いました。靴は極地用の雪靴（長靴でブカブカ）、グラウンドは海氷上（スケートリンクと同じ）、ボールはよく見えるようにピンク色に着色。鏡のような氷上で、走ると滑って転び、ボールを取ることができません。若者チームが一八対八で勝ちました。

サッカーのコートも氷上で、鏡のように平面で滑りやすい。雪靴や長靴でボールをけります。ボールのスピードに足が追いつかず、ボールに足が当たらず、相手の長靴をけり上げ、転倒させてボールを奪う珍プレーの続出でした。二時間も走り回り、運動不足を解消しました。でも二度とやりたいとは思いません。

越冬中の最も寒く一日中暗い六、七、八月は野外の活動ができないので、麻雀、碁、将棋、キャロムなどの娯楽が盛んになりました。太陽のないこの時期は一番落ち込むときで、中には精神的に疲れ、人を避け、話をしなくなる人が現れます。そのような人を見つけると、麻雀に誘います。ある人は麻雀に独り勝ちで、独壇場。周囲の人の気遣いで気分は晴れ、落ち込みから抜け出すことができました。

「日刊十三次」

「日刊十三次」は、第十三次隊の新聞です。越冬の成立した一九七二年二月二〇日に創刊され、翌年の二月一九日に終刊しました。越冬経験のある隊員によって企画されたのでタイミングの良い時にスタートできました。隊長は発刊に際して次のように述べています。

「いよいよ三〇人の越冬生活がスタートしました。この一年間を全員が安全に楽しく過ごし、且つ各人のプロジェクトの成果を大いにあげたいものです。このためには言い古された事ですが、「人の和」が最も大切になります。この様な小集団の閉鎖社会では各人の役割があたかも時計の歯車の如く、隊全体の行動の中で欠くべからざるものとなっています。三〇人の中の誰か一人でも、隊の統制を乱す様な行動をとり出すと越冬生活は危険にさらされます。三〇人の和を保つ上において三〇人の意志の疎通の場としての新聞に大いに期待したい。新聞が三〇人全員のものである限り、越冬生活は順調に進んでいると判断できるものと思います。途中で挫折することのない様に全員でもり立てて行こうではありませんか」（「日刊十三次」創刊号）

この新聞は第十三次隊の非公式記録です。越冬期間の出来事、文芸、論評、意見、提案、芸術、憂さ晴らし、はけ口など想い想いを記述しました。

水事情

昭和基地の水源は、夏期の荒金ダムと冬期の雪入れでした。荒金ダムは雪解け水をせき止めた深さ約五〇センチメートルのため池で、雪が解ける夏期のみしか使えません。この水はポンプで一三〇キロリットルタンクに入れてから使用されました。

水の無い冬期は雪入れが水源となります。十三次隊では四月六日から一二月八日の八か月間に雪入れが行われ、この間に三四四キロリットルの水が雪入れで確保できました。一日平均一・四キロリットルの水です。この量は基地の一日の平均使用料で、一人一日の使用料は単純計算では四六リットルですが、水は調理、発電機の冷却水、風呂、トイレ、洗濯、飲料水、清掃などに使われるため洗顔や歯磨きなどの個人が使用できる量は一日一リットル程度です。

雪入れは昼食後の全員作業ですが、各隊員の仕事などの都合によってできない者もいるので、平均一〇名で一日一・四キロリットルトン（水一・四トン）の雪入れをしたことになりますが、ブリザードで雪入れができない日もあるので、実際にはそれ以上を入れています。

雪入れは昼食後に大将とドゼウの号令で始まります。まず、与太郎が発電棟の横にある融雪槽（一〇キロリットルタンク）の蓋を取ると、ほのかに湯気の立ち込める温水があり、この中へ雪を入れて溶かします。この融雪槽がいっぱいになるまで雪を入れました。

南極ではシトシトと雪が静かに降ることは少なく、強い風が吹くと雪が風と一緒に吹き飛ばされてきます。風は障害物の背後に吹き込み、風の勢いが弱くなり、雪が積もります。これが雪入れの雪になります。建物の風下側に長い尾状の雪山をスコップで掘り取り、融雪槽に入れました。

融雪槽の水温は五〇度ぐらいで、八割ほど温水が入っている所へ雪の塊を棒で押して入れました。この融雪槽の熱源は発電機の冷却水を循環して使用しています。

雪入れは屋外に全員が集まる機会で、ラジオ体操で体をほぐしてから始める運動を兼ねた全員作業でした。スコップで掘り取った雪の塊を手渡しや手押し車で融雪槽に入れるのですが、腕力のある雪男たちは力比べで、持てる雪の塊の大きさを競い、特に雪の塊を持ちあげて一度に移動する距離を競いました。途中で落とすと割れてしまいやり直しです。ヒゲゴンは直径五〇センチメートルの雪玉を両手で抱え、よたよたと歩きます。その姿がおもしろく、全員の歓声を受けました。与太郎は負けてはいられないとさらに大きい雪玉を抱えて融雪槽まで一気に歩きます。雪玉を作る人、運ぶ人、融雪槽に入れる人と連係プレーで、その間に力比べで競い、ひと汗かきます。寒い中の作業ですが、体が温まり良い運動になりました。

もう一つは飲料水で、食堂にタンクがあり、コックをひねると出るようになっています。この水は氷山の氷を溶かしたもので、月に二回ほど近くの氷山まで行って氷山を割り、ソリに積んで帰ります。氷山氷をタンクに入れると、部屋の温度で溶けて飲料水になります。この水は恐らく十万年位前に氷になったもので、人間活動による汚染物質などを含まないきれいな水となります。

またウイスキーを飲むときに氷山氷をいれると、プチプチと音がします。氷の融解とともに氷山氷の中の気泡がはじける音です。

トイレは一つ

越冬隊員三〇人の昭和基地には一箇所しかトイレはありません。たびたび待つことになります。トイレの中で瞑想にふけることは厳禁でした。

昭和基地のトイレは新幹線のトイレと同じものが設置されていて、便器とタンクからなる循環式水洗トイレです。タンク内の薬剤入りの水で汚物を流す仕組みになっています。排泄した物をタンクの中に集め、タンク内の液剤で匂いを消し、柔らかくして二〇日に一回粉砕してポンプで海まで流します。タンク内に固形物が残っていると風呂の汚水を入れて再度粉砕して流し、数回繰り返してタンクの中をきれいにし、薬剤を入れて完了となります。ポンプがうまく動かずホースの中で汚水が凍ると、固形物入りの氷をホースから取り出すのは大変でした。これだけはもう御免こうむりたい。

野外調査ではテント付近にクラックを探して用をたしました。人に見られない所で用を足したいのですが、遭難を防ぐため人の目がある所と決められていました。マイナス三〇度の野外では、出来るだけ我慢をして、出る瞬間にズボンを下ろすのがコツです。出た物は一〇分もすれば凍結します。風の強い時に小便をするとズボンにかかり、すぐ凍り、雪のようになりますが、払えば落ち、汚くありません。

昭和温泉

「昭和温泉」と名づけられた風呂が発電棟内にありました。檜造りです。熱源は発電機の冷却水を使用しているので、いつでも沸いていることになりますが、水事情によって風呂の回数が決まりました。最初は週二回でしたが、三か月後の五月から週三回になりました。昼食後の雪入れを今までどおりできれば週三回は可能であると条件が付きました。五、六月は、きわめて水事情が悪いため特に節水し、またブリザードで雪入れができなければ中止もありました。

南極のような寒いところで入る風呂は最高です。風呂の温度は少し熱めの四一度ぐらいが最適です。ある日、風呂に入ろうと、服を脱ぎ、温度計を見ると四八度もあります。湯に手を入れるとても入れるような温度ではありません。幸いに通りかかった機械の梅吉ネエサンに訴えると、「雪を入れればよい」と雪の大きな塊を抱えてきてくれました。一個入れてもまだ熱い、もう一個と言ったのを聞き間違えたのか二個も持ってきました。二個とも入れたら湯の温度が三七度に下がってしまいました。今度は少しぬるい。梅吉ネエサンに「温度を上げて」と言ったら、「入っていればそのうちに温度が上がるよ」と言っていなくなってしまいました。おかげで温まるまで長湯になってしまいました。

越冬し夏期間に

越冬中の一〇、一一月は日照時間が長くなり、野外活動最盛期です。一一月初めに基地外の作業が重なり、「みずほ基地」四名、内陸支援旅行六名、沿岸調査及びシェッケのアンテナ作業一三名が基地を離れたため、基地の人口は七名となりました。七名、これは基地を維持する最低の人数です。そのメンバーは、調理のドンブリ、気象観測のハム吉と三平、地震のナマズ、通信の鬼太郎、機械の与太郎、超高層物理の雀吉です。

昼食後の雪入れは四名で行い、夕食はハム吉を除く六名で家庭的なムードで過ごし、少人数でも日曜日恒例の映画を観ます。斜陽化したわびしい映画館の感じだったようです。

一二月に入ると暖かくなり、雪が解け、荒金ダムが満水となりました。これで雪入れは終了。ダムから一三〇キロリットルタンクへ送水するために、冬に使用されていなかった送水管を雪の下から掘り出す作業や電源ケーブルの点検が必要になりました。

送水管は氷でつまり、継ぎ手は緩み、使い物になりませんでした。夕食を一時間遅らせて、全員作業で消防ホースを継ぎ足して、荒金ダムから一三〇キロリットルタンクへ送水しました。三時間で六五キロリットルの水位に達しました。こんなに簡単に水が得られるとは太陽熱のおかげです。

一二月の中ごろにブリザードが来襲すると暖かい風が吹き込み、一日の最高気温がプラスになると、雪や氷が解け出して一大事となります。通常、廊下は暖房されていませんのでマイナスの温度です。人体から発する水分は屋根の裏に霜になって氷結します。また雪靴について廊下や前室に入った雪は箒で吐き出せば済んでいましたが、気温がプラスになると天井裏の霜や廊下の雪が解け出し、雨漏り状態になり、水溜まりができ、床に水路ができます。廊下に保管されていた物はずぶぬれです。夜に再びマイナスの気温になると凍り、廊下は滑りやすくなり危険でした。

昭和基地

南極海の氷山群

海氷へ突入する「ふじ」

居住棟の建設

雪上車の荷揚げ

旅行隊の出発

4 月に海氷の厚さを調査

野外調査の昼食

雪上車がシャーベット状クラックへ落ちる

野外調査用靴、内靴、中靴、外靴で一足（一人用）

リュツオ・ホルム湾に分布する片麻岩類

昭和基地に輝くオーロラ

食事風景

福島ケルン

雪入れ

飲料用水の氷取り

苔の群落

氷食地形

ハムナ氷河

ペンギンの抱卵

最終調査ラングホブデ

リュツオ・ホルム湾の沿岸調査でラングホブデは秋調査・夏調査と重点的に行いました。また、ラングホブデは私にとって南極オペレーションで最後の野外調査となりました。地形図も完成しており、南極調査の中で最も力を入れました。

ラングホブデの宿営地を入り組んだ湾内で大陸から吹き下ろす風が避けられ、日当たりのよい北向きに開いた岩陰の海氷上に設置しました。近くに飲料用の雪と、廃棄物や排泄物を投入できるタイドクラックがある所を選びました。

調査宿営地は海氷上で海抜〇メートル、露岩地は海岸から奥へ入るほど海抜四〇〇メートルまで高くなります。海抜四〇〇メートル以上は雪氷に覆われた大陸です。調査はこの高低差四〇〇メートルの斜面を一歩一歩登って行いました。

観察内容はフィールドノートに記入し、調査地点を地形図に記します。重要な岩石サンプルを採集し、番号を付け、採集地点を地形図に記入します。また、地質のスケッチや写真も撮ります。

ラングホブデの岩石は片麻岩で茶褐色と白色の層状を示し、これが階段状に続き、簡単に上れました。海岸から露岩地へ入ると岩と岩に挟まれた砂地があり、苔の群落を見つけ

ました。この地域で唯一の植物です。苔の表面は黒色でその下に薄い緑色の部分がありま
す。表面が黒色なのは日光の吸収をよくする効果があります。
また、アザラシのミイラ（骨と皮が乾燥したもの）が、一部雪に覆われていました。海
が凍結し、海へ帰れなくなって死亡したのかもしれません。
岩石は氷河による浸食を受け、凹地ができ、火口湖のようになり、太陽光を受けて暖か
く、雪が解け、水溜まりの水は透明で飲んでみると冷たくておいしい。高いところから見
るハムナ氷河は氷河の表面に多数のクラックが入り、凹凸に乱れ、激流のようですが、動
きがなく、音がない世界でした。
一〇日間の調査は終了し、ラングホブデから帰路、氷上状態は良く、できたばかりの一
年氷で鏡のように平坦で凸凹は全くありません。雪上車のスピードも出て、快調で楽しい
走りです。この調子ならば二時間もすれば基地へ戻れます。
夕日に輝く氷山を見て、写真を撮ろうと雪上車を止めカメラをかまえます。何か変だと
雪上車の後ろを見ると荷物ソリがありません。後ろにワイヤを一本引きずっているだけです。
荷物ソリを取り付けたハム吉は責任を感じてか「確認不足で申し訳ない」と低姿勢。雪
上車をUターンして今来たばかりのシュプールの上を引き返しました。しかし、行けども
行けどもソリの影はありません。そろそろラングホブデの宿営地につくという頃、ポツン

と黒点が見えました。よく見るとソリです。

荷物ソリの付近には留め金が散乱していました。出発した時に荷物ソリを引き出す衝撃で留め金がはずれたようです。ラングホブデは沿岸調査の最後で、基地に帰る喜びで、気の緩みがあったのかもしれません。おかげで四時間も遅れてしまいました。

この調査で私の南極オペレーションは全て終了です。基地へ帰ったらもう南極の野外へ出ることはないでしょう。遅くなったついでにもう一泊野営をしようということになり、無線で荷物ソリの顛末を連絡し、基地の帰還が一日遅れることを伝えました。早速、氷上にテントを張り、雪を溶かし、残り少ない野外食を調理し、夕食の準備をしました。テントの中で、調査参加者四人で残りのアルコールで酒盛り、南極の野営を楽しみました。午後一〇時にシラーフに入り、翌朝六時に起床、紅茶と乾パンで朝食を済ませ、一路、昭和基地へ向かいました。午前八時に基地到着。基地でまた朝食を食べました。

奇石・珍石ブームから展示会開催

越冬生活も終わりになるころ、屋外も暖かくなり、遠足と称して近くの島めぐり、沿岸巡りが盛んになりました。自然と足元の石に目がいき、記念として持ち帰ろうと、多くの奇石・珍石の採集のブームとなり、展示会の開催となりました。皆、自慢の石を見せ合い、石の美しさを鑑賞しました。奇石・怪石の部五点、擦痕石《さっこんせき》（＝氷河の削り痕の石）の部七点、三稜石の部九点、宝石の部七点、雑石の部二〇点が展示されました。宝石の部ではザクロ石、けむり水晶、紫水晶の美晶がありました。奇石・怪石の部では穴あき石、メガネ石、ハチの巣石、灰皿石など形から命名しました。擦痕石には見事なものがたくさんありました。

ペンギンの営巣地

昭和基地の東方五キロメートルのオングルカルベン島にアデリーペンギンのルッカリー（営巣地）があり、営巣期間は南極の夏である一二月から二月ごろです。広さは三〇メートル平方、一〇〇匹ほどが集団で子供を育てる繁殖地です。

アデリーペンギンは体長七〇センチメートル、体重三・七～五・〇キログラムの中型のペンギンです。一対のペンギンが一緒に小石を集めて巣を作り、卵を二つ産みます。メスは卵を産むと、オスに預けて外洋まで海氷上を歩いて餌あつめに行きます。この間オスは足の甲の上に卵を二つ乗せ、その上に羽に覆われたお腹を重ねて卵を温めます。一〇日間ほどすると食事に行ったメスが帰ってきます。交代してメスが卵を抱き、オスは外洋まで行って腹を満たして帰ってきます。その頃には卵から雛がかえり、オスは腹の中から食べたものを吐き出して雛に与えます。メスは海へ食べ物を取りに行き、腹の中に蓄えて帰り、子供に与えます。このようにつがいのペンギンが協力して子育てをするのです。

ペンギンの子育ての環境は過酷です。親が卵から離れると卵は冷えてしまい、死んでしまいます。ルッカリーの周囲にはトウゾクカモメが徘徊し、ペンギンの卵や雛を狙って襲いかかります。群れをなすペンギンは互いに協力して、トウゾクカモメに警戒の声を上げて対抗しますが、雛が親から離れるとトウゾクカモメに襲われ食べられてしまいます。また雛が生まれるのが遅く、夏の期間に育たず外洋まで行く体力ができないと親と一緒に外洋へ行けなくて、ルッカリーに残され死んでしまいます。

漁業協同組合

オングル島の漁業協同組合は百姓が組合長です。百姓は野菜栽培以外に漁業にも手を出し、食の多角経営者でした。本業が一段落した一二月初旬、気温も上がり、暖かくなったころ、百姓は網元として配下の島の漁師を招集し、ゴン、ハム吉、大将、ホセとメンバーがそろいました。一行は釣り道具一式と氷に穴をあけるアイスオーガ（手動回転式で氷に穴を開ける道具）、獲物入れのバケツを持ち、エサは豚の脂身が最適です。向かう先は釣りの穴場であるネスオイヤとオングル島の間にある瀬戸。

瀬戸は狭く、氷盤の下を海水が流れているため氷が割れ、氷片が集積した乱氷の海面です。海水が染み出てシャーベット状になっているところがあり、アイスオーガで穴をあけてみるが、厚さが一五〇センチメートルもあり苦労します。それでも一時間かけて氷盤に六本の穴を開け、各々持ち場の穴を決めます。

最初に穴の中に浮かぶ氷片を取り除き、水面を確認します。次に釣り糸の長さを氷の厚さを加味して二、三メートルに調整。重りと釣り針を付け、エサの豚の脂身を付けます。穴の中に静かに入れ、引きがあるまで辛抱強く待ちます。

最初に組合長の百姓がダボハゼを釣り上げました。初めは大きい物が釣れていましたが、次第に小物になり、釣りに飽きたころ、ドクター、ヨルマ、ラッパ、張歌が合流し、にぎやかになりました。特にゴンとヨルマは絶好の釣り穴にあたり、また、マボロシと称する大きさ一〇～一五センチメートルの獲物が氷盤のすぐ下にいることが分かり、釣りに釣れました。成果は百匹以上でした。

マボロシは白身で、夕食に刺身として出されました。久しぶりに新鮮な魚を味わいました。特に刺身の残物である骨で作った空揚げはビールのさかなに最適でした。刺身より美味しく、ヨルマと与太郎は骨の空揚げばかり食べていました。

昭和基地へお客様、ソ連機来る

一二月、早朝の静けさを破って飛行機のエンジン音が聞こえてきました。昭和基地に最も近い東方二八〇キロメートルのソ連のマラジョージナヤ基地から来たお客様です。基地の上空を旋回し着陸地を探し、誘導も必要とせずいきなり海氷上に着陸しました。大した腕前です。隊長が雪上車で迎えに行きました。元気なロシア人が一〇名ほど、赤ら顔で、ひげは伸び放題、衣服は油だらけでした。顔を見合わせると同時に不思議なほど親しみを感じました。南極人同士だ。挨拶は英語で、お互い片言の英語で会話が成り立ちました。食堂棟へ案内し、まずそれぞれ自国の国歌を歌い敬意を表しました。そして、和やかに交流が進みました。

昼食は天ぷら料理をごちそうし、ロシア人は箸の使い方に苦労し、双方面白がりました。昼食後基地内の観測棟を案内し、次に映画「戦国群盗伝」を見せましたが、ロシア人に内容が理解できたかは不明です。

夕食にはすき焼きを供しました。まず乾杯、グラスにウイスキーを注ぎ、一気飲みで何回も「カンパーイ、カンパーイ」と続きます。すき焼きを大変に気に入り、特に生の牛肉を食べたがりました。楽しい交流会は終わり、離陸は一キロメートルほど氷上を滑走してフワリと浮き上がり、大きく旋回し、翼を左右に振って飛び去りました。一日中大騒動で楽しかった。

基地生活の中心・食堂棟

食堂棟は、調理室と食堂からなり、基地生活の中心です。全員が集合できるスペースがあり、全員参加の会議など公式行事はここで行われました。隊長の座る位置は決まっていましたが、他は決まっていませんでした。食堂棟の主は調理担当の大将とドンブリです。補助者が一名、順番につき、室内の清掃、配膳、後片づけ、食器洗いなどをしました。毎日、三回の食事とその他に旅行食の準備、誕生会や記念行事の場でもありました。

八月中頃、調理方より食品の残量調査が報告されました。通常の食品は十分にありますが、アルコール類は既に三分の二が消費され、残りは瓶ビール一六〇本、缶ビール一四四〇本、日本酒一四四〇本となり、赤信号が付いたと知らされました。まだ六か月もあります。ビールと酒が不足すると、食事の楽しみが減り、このままだと三か月間もアルコール無しの生活になってしまいます。風呂上がりのビールも飲めなくなる。この寒い南極でアルコール無しでは過ごせません。調理からは飲む量を減らせとの命令が出ました。但しウイスキーとブランデーは十分にあることが分かりました。助かった。

一二月末、越冬終了も近くなり非常食として野積みにされていた食料が整理されました。多くは十三次隊以前の隊が残した食料が非常食になっています。一部、傷んだものは廃棄されましたが、この中から素晴らしい物が発見されました。濃縮ウイスキーと濃縮清酒です。これらはアルコール度が高いため南極の寒さでも凍結しないで保存されていたのです。ビールや通常の日本酒は凍ると、容器のビンや缶が割れてしまいます。濃縮清酒は一・五倍に、濃縮ウイスキーは二倍に薄めると通常の濃度になります。また、夕食にアルコールが飲めるようになりました。

餅つき

餅つきは基地生活の節目やお祝い、内陸旅行など記念する日に行われました。

食堂棟の出入り口の外に石臼を出し、餅をつく場所を決めます。南極では外気温が低いので室内でつきたいところですが、室内では天井が低いためできません。

五月五日、子供の日に食堂の廊下で餅つきが行われました。玉吉が餅つき職人を招集し、ハッピ姿に身支度し、掛け声とともに餅がつかれました。食堂の廊下は天井が低く、力いっぱいつけません。次回からは外で餅つきだ。それでも餅米三〇キログラム分の餅がつかれ、昼食で堪能しました。主に内陸旅行予備調査の行動食になりました。

八月の餅つきは一〇日後に出発する内陸基地支援隊の旅行食と内陸基地用に行われました。前日に調理方で餅米をつけ込み、臼杵の準備がされました。この時期、オーロラ観察、オーロラ見物で夜間活動が盛んで、八時の朝食に食堂へ集まる者が少なく、餅つき人夫が不足し、大将が放送で招集し、マイナス一五度の屋外で餅つきが始まりました。

ヨルマは凍傷の手で餅をつき、あまりの痛さに悲鳴を上げ、我無平（ガムヘイ）は朝食抜きで頑張ったので杵の重さに勝てず、ぶっ倒れてしまいました。専務は講釈ばかり多く、臼の縁を強くたたく始末。玉吉と与太郎は伸し餅づくりで餅を広げながら手の感触を楽しみ、笑みを浮かべています。午前中に四〇キログラムの餅をつき上げました。

一〇月の餅つきは内陸旅行（みずほ基地支援）の行動食とみずほ基地のお供え用です。この時の外気温はマイナス一一度で暖かい日でしたが、周囲の全ての物は冷え切っています。特に石臼は冷えやすく暖かい状態を維持するのに苦労しました。

屋外の安定した場所に台をおき、その上に石臼を載せます。室内で沸かした湯を石臼に入れ、温めます。冷えると湯を三回ほど変えて温めます。石臼が温まったところに、蒸しあがった餅米を入れて、杵で手早くこねます。程よくこなれたところで餅つきが始まります。手返しは与太郎が行い、年長の局長が餅つきの妙技を見せ、温かいうちにつきあがりました。

餅つきの手順は社長、局長、百姓のロートルが指導します。餅は力だけではつけません。後半は若者に任されました。二時間半で三〇キログラムの餅がつけました。昼食は雑煮、あんころ餅、納豆餅でした。大根おろし餅の希望が多かったのですが、残念ながら昭和基地には乾燥大根はありますが生大根はありません。

一二月二八日、正月用の餅が全部で六〇キログラムつかれ、直径二〇センチメートルの鏡餅を一組つくり、あとは正月用の伸し餅となり、つきたての餅を昼食に食べました。美味しかった。正月の雑煮はカツオ出汁で、小松菜、小切り餅の入った一品でした。

月一回開かれる誕生日会

三月誕生日の社長、専務、ボクチャン、糠六の四氏はハッピーバースデイの合唱の中を胸に造花を付け、キャンドルで照らされた食堂へ入場しました。メニューは、オードブルには鰈このわた焼き、雲丹鳴門巻、塩いり銀杏、寿司、昆布結び揚げ。メインは、ビーフステーキ、ポテト、カリフラワー、きぬさや添え。コーンチャウダースープ。デコレーションケーキ。フルーツはオレンジ。飲み物は赤ワインでした。合唱、ダンスなどで八時間にわたる大宴会となりました。

四月の誕生会は内陸旅行隊の壮行会も兼ねて行われました。玉吉と与太郎の寿司店、張歌のおでん屋、百姓とナマズの焼き鳥屋の三店が模擬店です。ヨルマ、梅吉ネエサン、アイちゃんが隊員の祝福を受けました。

五月の誕生会は、向附はまぐろ黄金造といか小菊造。吸物は花蝦、三つ葉。焼肴は小鯛姿焼。替鉢は毛蟹二胚酢。果物はオレンジ。祝誕生菓。清酒。三平、ドゼウ、張歌の三氏の会でした。

このように月一回開かれる誕生会は越冬期間の暗く沈む気分を盛り上げる行事でした。

南極最大のお祭り「ミッドウインター」

南半球の冬至にあたる六月二一日に、南極最大のお祭り「ミッドウインター」が開かれました。準備は六月の初めからヒゲゴン、張歌、ラッパ、雀吉の四人の有志とミッドウインター実行委員（社長、大将、局長、専務、ドンブリ、三平）により着々と進められました。一五日には食堂で十三居のメンバーが、「バー・ブリザード」では九居のメンバーが密かに出し物の練習を始めました。合唱や合奏の練習も夜遅くまで響きわたりました。一六日に番組編成が行われ、出し物が決まりました。キャロム大会や玉突き大会もあり多彩です。もちろん観客より出演者の方が多い、全員参加のお祭りです。

飾りつけは、一七日午後三時から始まり、金銀のモールを天井から垂らし、提灯を付け、小学校時代の学芸会を髣髴とさせ、うきうきした気分になりました。隊員にとっては、盆と正月が一緒に来たような感じです。

六月一九日前々夜祭、各居住棟の出し物の準備、練習に大忙しです。仕事や睡眠もそっちのけで夢中になり、最後には夜食と持ち寄りで宴会です。

二〇日前夜祭

一七：〇〇—一九：〇〇　晩餐会　フランス料理

二一：三〇～　余興大会

劇映画　夜の風来坊　九居プロ

コーラス　ショシタンエコーズ
トンキン踊り　九居
寸劇　浮世風呂　一〇居
狂言仕立　南極雄愚留島　十三居
吟詠　杉原功山
名作劇場　赤神と黒神　四人の会
楽団　オーロラノイズ
かくし芸　ヨルマ　専務
手品　五味天山
落語　さんざん亭下駄助

二一日ミッドウインター祭
一四：三〇～　お茶会　九居
写真展　バー・ブリザード
句歌展　バー・ブリザード
一七：〇〇―一九：〇〇　晩餐会　懐石料理
協賛競技

キャロム大会
ビリヤード大会
麻雀大会
祝湯（祝雪入）　二〇、二一、二二日と三日連続の風呂だ！

ミッドウインター祭の目的は一日中暗く落ち込む憂鬱な気分を晴らすことにあります。準備、練習で連帯感も増し、集団の和を高め、食べ、飲み、笑い、大騒ぎで気力を再生させます。後半を乗り切る意欲を高めることができました。

二二日ミッドウインター祭後締め、二日間のフランス料理、懐石料理に腕を振るったどんぶりと大将に感謝し、返礼として素人名コック、ネコ、張歌、梅吉ネエサンにより料理が企画されました。昼食は、カニおじや、ハムサンド、夕食は、カレーライス、二日間の飲み過ぎ、食べ過ぎであっさりしたものが良いという事で受けました。

真冬の企画――駅弁シリーズ、食べるお酒

七月の最も活動の出来ない落ち込む時期に、調理の大将が新企画として、昼食に駅弁シリーズをはじめました。隊員は日本各地から参加しているので懐かしさで喜びをかみしめました。

静岡の鯛めし、米子の蟹めし、美濃太田の栗ごはん、高山の山菜弁当、浜松のうなぎ弁当、岐阜の鮎ずし、名古屋のとりめし、松阪の牛肉弁当、宇治山田の手こねずし、富山の鱒ずし、九州宮崎のしいたけ弁当、横浜のシューマイ弁当、松江の蟹ずし、飛騨金山の栗こわい、瀬戸赤石の浜焼弁当、大阪の箱ずし、長野松本の松茸弁当、東京浅草の日光弁当、福井の雀ずし、新潟の海老弁当などでした。

昭和基地の「バー・ブリザード」では七、八月ごろの特別メニューとして冷凍ワンカップ大関が出ます。ワンカップの蓋を取ると上部はきめ細かいシャーベット状に凍り、その下は氷で、平板を重ねたように結晶し、白雲母のようです。器に取り出すと平板のすき間からアルコールが、ジュワーッと染み出てきます。これをスプーンで食べます。つまみはクルミが最適でした。

夏の企画――氷山でソーメン流し

越冬生活にも慣れ、夏の仕事も一段落したころ、基地より一キロメートルのネスオイヤ北方の氷山でソーメン流しが企画されました。当日は夏の日がサンサンと輝き風もなく、暖かな日でした。氷山の緩やかな斜面に長さ約一〇メートルのS字形の溝を掘り、ポリタンクに入れた水でソーメンを徐々に流し、S字形の溝の周りからソーメンを掬い取り、食します。ゆでたソーメンは三〇束では足らず、二〇束も追加しました。皆ものも言わず夢中で食べました。氷山の氷で冷えたソーメンは大変に美味しかった。今もそのソーメンの咽喉越しは鮮明に覚えています。

氷山の氷は雪が降り固まったもので、多孔質です。ソーメン流しの水を流すとその水は、氷の中へ浸み込み、ソーメンもなかなか流れ落ちてきませんでした。

貴重な生卵や生野菜

前年の一二月にオーストラリアのフリーマントルで購入した生卵四八〇ダースは一〇月一〇日までに全て消費しました。貯蔵温度は一～二度が最適で、五度では一割程度傷みました。一〇月の初めごろ沢山のゆで卵が食卓に出たことがあります。傷んだ卵を処理するためだったのか……。

また昭和基地では生野菜がありません。そこで隊員の有志が創意工夫で野菜栽培をします。ヒゲゴン農場、張歌農場、百姓農場、調理農場ではそれぞれ「かいわれダイコン」、「もやし」、「三つ葉」、「レタス」を出荷しています。張歌農場では一か月間で「かいわれダイコン」八二〇グラム、「もやし」一三キログラムを出荷しました。特に「三つ葉」は大きさ七〜八センチあり、五〇日間の時間をかけて生産していました。

南極の冷凍庫

九月の厳冬期に低気圧が発生し、ブリザードとなり、強い風が北から吹きました。そのためインド洋の暖かい風が吹き込み、平均気温がマイナス五・二度となり、気温マイナス一〇度以上の日が四日間も続きました。

この時期はマイナス二〇度以下であるため冷凍庫の電源を切り、ドアを開け放して天然冷凍庫にしています。昭和基地の冬場は自然状態で冷凍温度であり、機械を使って冷凍する必要はありません。それなのに気温の急上昇で冷凍庫の運転が必要になりました。

調理担当の大将が気温の急上昇に気づき、開け放された冷凍庫の食品を調べたら一部が傷み始めていました。これから来年一月までの五か月間の食糧です。急いで冷凍庫のスイッチを入れましたが電気が入りません。しばらく電気を使用していなかったので回路が不調になっていました。これでは冷凍食品に傷みが出てしまいます。さあ大変だ。そこで機械担当の社長が応急修理を始めましたが直せません。

この不調の第九冷凍庫の食品を第七冷凍庫に移動して、修理することになりました。全員作業で冷凍食品を移動することになりましたが、屋外は風速二〇メートル以上の風が吹き、出入口に雪が吹き寄せられています。まず除雪を行い、出入口を確保して冷凍食品を移動させましたが、三分の一ぐらいは第七冷凍庫に入らず、吹きさらしの屋外に野積みとなりました。気温が下がることを祈るのみです。

冷凍庫の修理は社長、与太郎、専務が担当し、五日後に直りましたが、気温は常温のマイナス二〇度以下になり、冷凍庫のスイッチを入れる必要もなくなりました。野積みで十分でしたが、気温が上がる時のために冷凍庫に全部収納しました。

南極のような常にマイナス温度の地域で、気温上昇の影響で冷凍庫が必要になることが不思議です。冷凍庫を南極で使用する方が変。南極・昭和基地の輸送が年に一回で、食品の多くを冷凍食品に頼っているためでしょう。

冷蔵庫は冷凍庫と違って室内にあり、プラス二～五度の恒温です。キャベツ、玉ねぎ、ジャガイモ、卵など生ものが保存されています。南極では冷蔵庫の温度はマイナスにならないことが大切です。

正月を祝う料理――オングル島塗りの重箱に

一九七三年の元旦を迎えました。日本を出発して一年が過ぎ、越冬を果たしました。喜びの正月を祝う料理は外側が黒塗り、内側が朱塗りの手作りのお重に収められて一人一人の前に出されました。

祝酒　　御屠蘇
汁（清汁仕立）　雑煮［小切り餅　小松菜　松魚］
祝儀肴　数の子万年漬　ごまめ亀甲煮　羽黒豆
会敷　　折紙
重詰
一ノ重　松　牛蒡古木煮　松葉レモン
　　　　竹　姫竹の子ふくませ
　　　　桜　桜花唐墨
二ノ重　桜花奇甘　小鯛姿焼　宝袋伊勢海老

日ノ出蒲鉾　栗きんとん　万両竹の子
松笠どり　数の子　ごまめ　昆布巻
祝酒　　　清酒
赤飯
座附吸物（赤味噌仕立）
果物　　　冷蜜柑

この正月料理の重箱は調理の大将の発案により、ドゼウ、ハム吉、社長、ドンブリの協力で作成された輪島塗りならぬオングル島塗りです。ベニヤ板製、二五センチ四方、赤と黒のエナメルラッカー着色でした。

砂まき

一年前、オングル島の昭和村住民は日本各地からの寄り合い所帯で、互いに面識がなく、ただ南極観測を目的とする三〇人の集団でした。それが南極の厳しい自然環境の中で生きるため、そして研究、観測するために、この独特な目的意志の強い集団が一年間かけて互いに心の通じ合う社会になりました。三〇人の全てが和を理解でき、何を考え、何を知りたいのか。一年間かけて作り上げたユートピアです。

今、オペレーションが終了し、十四次隊の到着の報が入ります。十四次隊を迎えること、帰国できること、全て嬉しい事ではあるが、十三次隊が作った昭和村共同社会の崩壊でもあります。

十四次隊受け入れの作業が始まりました。昭和村の玄関であるヘリポート、主要道路、昭和村全体の雪の除去のため、全員で砂まきです。海岸や岩陰から砂を集め、手押し車で運び、残雪の上に満遍なくまきました。雪は解け、黒い地面が現れました。

砂まきの他に十四次隊の仮住まいとなる飯場棟の清掃、仮設トイレの設置、基地内の清掃、各部門が使用した設備の整理などが行われました。新しい住民である十四次隊を迎える準備はできました。

調査の終了と帰国の準備

私の南極観測は夏期の沿岸調査の終了（一一月三〇日）とともに完了し、帰国の準備を始めました。

一九七三年一月一日に第十四次隊を乗せた南極観測船「ふじ」がリュツオ・ホルム湾に到着。恒例の艦長と次期隊長を乗せた第一便が飛び立ったと連絡がありました。私たちはヘリポートに全員で出迎えに行きました。何故かなかなか第一便のヘリコプターの姿は見えません。天気は良く、中止になるはずはありません。しかし南極の天気は変わりやすいなどと心配していると、隊員の一人が一点に見える第一便を見つけました。待ちに待ったヘリコプターです。

皆、声を上げ、飛び上がって喜びました。

第一便から第十四次隊楠隊長、南極観測船「ふじ」前田艦長、第十四次隊の機械、庶務、建築の担当者五名が降り立ち、第十三次隊各隊員と固い握手と抱擁で一年ぶりの再会を喜びました。次に荷物おろし。一番待っていたもの、いや欲しかったものの到着です。このためにヘリポートまで出迎えに来たのです。生鮮野菜、生卵、肉、魚、ビール、オレンジ、手紙、家族からのお土産などなど。これらの物が降ろされるたびに歓声が上がりました。

荷物はまず食堂に集結され、個人宛の荷物が配られました。家族から送られてきた手紙や写真を手に取り、皆うれしくてたまりません。手紙をむさぼり読み始めています。しだいに食堂から隊員が一人二人……と消え、個室で一人になり、喜びをむさぼり、かみしめているようでした。

日本の家族から送られてきた物は個人用トランク一個に納められていました。個室で恐る恐る開けました。最初に目に入った物は荷の一番上に置かれたハートマークの付いた白色の角封筒でした。愛子からの手紙です。三〇枚ほどの便せんにずっしりと書かれていました。時を忘れて一枚一枚をむさぼるように読みました。イタリアで行う結婚式のこと、将来のこと、イタリア留学、生活のことなど生き生きと喜びあふれる内容でした。

夕食は第一便で届けられた食材の料理が出ました。生野菜のサラダ、特にキャベツの千切り、玉ねぎの生……おいしかった。生卵も最高でした。オレンジの香りを嗅いだだけでめまいがしました。

第十四次隊の到着により活気に満ち溢れ、基地建設の槌音が響くようになりました。続々と第十四次隊員と「ふじ」乗組員が昭和基地へ来て、「越冬ごくろうさま」と言いながら物珍しそうに、じろじろ見ます。ちょうど一年前に私たちも同じ事をしたようですが、私たちは一年かけて作り上げた三〇人の和と静寂の心地よい社会(ユートピア)を破られ、「ごくろうさま」の一言で一瞬に現実社会へ戻されました。ヘリコプター、トラック、ブルドーザー、走り回る足音、大きな話し声などの騒音に包まれた生活となりました。

第十四次隊の地質担当者の小島、白石隊員も挨拶に来ました。調査の引継ぎとして彼らをラングホブデに案内します。調査状況と私の見解を説明し、記念写真を撮りました。

基地建設の進展とともに、基地内の構成員は少しずつ第十三次隊員と第十四次隊員が入れ替わり、基地の主役がしだいに第十三次隊から第十四次隊に交代していきました。

二月一〇日、南極支援物資の搬入を終えた南極観測船「ふじ」は氷海から外洋に向けて移動を始めました。

二月二〇日までに第十三次隊全員は「ふじ」へ移動し、帰国の途に就きました。

人間社会へ戻る、そして再会

「ふじ」はインド洋を北上し、ケープタウンへ向かいます。「ふじ」は氷上では勇猛に活動しましたが、海水が温かく、明るいインド洋では落ち着きのある悠然とした進み方を見せました。私たちは南極観測の任務を終了し、「ふじ」の甲板で満ち足りた気持ちで休養する日々でした。

三月九日にケープタウンに入港し、一年四か月ぶりに人間社会に戻りました。ケープタウンでは、大使館を表敬訪問し、観光にも出ました。女性が輝く女神のように見えました。もうすぐ愛子に会えます。心踊る待ちどおしさです。

三月一二日にヨハネスブルグの空港からローマのレオナルド・ダ・ヴィンチ空港へ向かいました。愛子は空港へ迎えに来ているはずです。空港到着は三月一三日午前一一時三〇分。当日の一三日は、機内で朝食を食べ、顔を洗い、髭をそろうと剃刀をあてました、切れません。南極では髭を剃るような生活をしていなかったので、刃は錆び付いてしまい使えません。与太郎に剃刀を借りましたが、同じように使えません。仕方がないので無理に髭を剃りました。顔は切り傷だらけ。背広に着替えましたが、長い間着ていなかったので皺だらけ。また南極生活で、体重が一〇キログラムも増加しています。服の中に体が収まるはずがありません。この服しかないと覚悟を決めて、体を服の中へ押し込めました。

この状態で、ローマ空港で愛子に再会しました。私は嬉しさのあまり、服装のことなど気になりませんでした。南極の仲間は大なり小なり私と同じで野生猿の一団のようでした。彼らはカメラを構えキスをせよとか抱擁せよとか言いますが、私は静かに愛子の手を握り締めました。

ローマからフィレンツェへ列車で移動しました。結婚式は三月一五日にフィレンツェ郊外のフィエーゾレのレストラン「Zocchi」で行いました。参加者は南極関係一〇名、ドクターの奥様も参加していただきました。愛子のイタリアの友人二〇名ほどで盛大な式になりました。当日ホテルの部屋の中に友人からの花がメッセージカードを添えて、たくさん置かれていました。隊長の心づくしもありました。

ヴェネツィア、スイスと回り、隊員の集合地コペンハーゲンへ三月一八日に着き、三月一九日にコペンハーゲンを出発して、二〇日に日本に到着しました。

フィレンツェ青春第二楽章

ロッカストラーダのムッツィじいさん

（一）

フィレンツェから少し西に振った南へ七〇キロ、シエナから南へ四〇キロの所に小さな田舎の村、ロッカストラーダがあります。一九七〇年当時は、そこは電気もなく、電話もありませんでしたが、のどかに、心豊かに暮らすしあわせな村でした。

トスカーナ地方特有の黄緑、濃い緑、青い緑が美しく連なるなだらかな丘の一つに、ムッツィじいさんとおばあさん、息子夫婦、そして八歳の孫の男の子が住んでいました。

ある日、友人に連れられて訪ねたこの家がいっぺんに好きになり、学校の休みに五日間くらい二度ほど居候したことがありました。

二階建ての家で、階下はつやのいい、それは立派な四、五頭の牛たちの〝お牛様住居〟。二階はキッチン兼食堂三つの寝室、小さな予備室からなり、余分な物は一切ない住まいに五人は暮らしていました。

朝、おてんとう様が笑いかけ、おんどりのコケコッコーの鳴き声が響きわたると、みんな起き出し、牛、豚、馬、ニワトリ、うさぎの世話をします。ムッツィじいさんは自慢の！

牛二頭と一緒に畑に出て行きます。なぜってムッツィじいさんの牛は、何度も品評会でメダルに輝いていましたから。

私はムッツィじいさんの孫のクラウディオと散歩したり、クラウディオのママと近所の家に行ったり、時の流れが止まったような日々を過ごしました。

夜は三時間だけモーターを回して発電し、電灯がつきます。チラチラしてちっとも落ち着かない白黒のテレビもありますが、モーターのご機嫌が悪いとテレビはもっと落ち着かなくなり、電灯もふわっと何度も消えたりします。

夜九時には、そのモーターも止められ、〝ブオナノッテ（おやすみなさい）〟と声をかけ合い、各自寝室に行きます。夜中にお手洗いに行くために、ロウソクとマッチを暗闇でも手の届く所に置くことは、寝る前の大切なセレモニーでした。

青い空に一つ二つ、真っ白な雲が浮かんでいたある日、八歳のクラウディオと一緒に、隣の丘の羊の牧場に散歩に出かけました。その牧場には牧童、いや牧ばあさんがいて、黒い布製のツバが波打った帽子をかむり、黒のブラウス、黒のゆったりした長いスカートと黒の前掛け、黒い靴、上から下まで黒ずくめの装束でした。いつも手には、上の方にコブのある長い杖を持って、三〇～四〇頭の羊の番をしています。

牧ばあさんは、グレーの引き込まれるような、不思議な目をしていて、人に知られたくない心のうち、お腹の中までも見すかされているようで、牧ばあさんの前では、まるで、〝はだかんぼ〟でいるような気分となりました。牧ばあさんの低い声としずかーな語り口は、呪文を唱えているようで、私には何を言っているのかさっぱり解りませんでした。クラウディオが、イタリア語で返事をしているので、あの呪文もきっとイタリア語なのだなぁと、思ったほどです。なぜか、この〝牧ばあさん〟には、魅き付けられる味があって、立ち去りがたい雰囲気がありました。

ある日の昼下がり、羊と牧ばあさんとクラウディオと一緒に時をすごして、ムッツィじいさんちに帰ろうと羊に背を向け歩き始めたとたん、一頭のボスらしい羊が、グイッと頭を下げ、いきなりクラウディオと私の方に向かって走ってきました。たちまち次から次へ合流し出し、キョトンとしている赤ちゃん羊以外の全員が、ピラミッドを倒した形になって、私たち目がけて走り出してきました。

怖さのあまり泣き出したクラウディオの手を引いて、走りに走り、そして牧場の木の簡単な柵を何とか飛び越えました。クラウディオは、太っちょなので、柵を飛び越えられなくて、柵にセーターを引っかけながらやっとの思いでくぐり抜けました。柵を越えたとき、羊の群れは、ほんのそこまで迫っていました。でも羊は、柵の前で全員ストップ。ちょっと押せば揺らぐような簡単な木の柵でも分をわきまえているのか、習性か、柵を飛び越えないのです。

たすかったー！クラウディオは、引っ掛けたセーターで涙をぬぐいつつ、私はガタガタ震えつつ、羊が追っかけて来ないか、後ろを振り返りながら家に帰りました。

なんだかあの〝牧ばあさん〟が、コブの付いた杖で、〝ソレッ、行け！〟と、ボス羊に、呪文を唱えたように思えてなりません。

牧ばあさんに見透かされた〝はだかんぼ〟の私が汚かったのかなあ……。それともクラウディオの受け答えが気に入らなかったのかなあ……。今も残る謎であり、時々夢に見るコワーイ思い出となっています。

（二）

朝はお天道様と一緒に起き出す生活。一〇時と三時のおやつの時間は、とてもおいしく、楽しく、大切なひとときでもありました。五、六軒の家の真ん中あたりにあって、共同で使う簡単なレンガ造りのフォルノ（最近ピザ屋さんで見かけるような、薪を燃料とするレンガで造ったオーヴン）で焼く自家製パン、自分の家で飼っていた豚からつくった生ハム、そして自家製のワインを傾けながら愉快に、ゆったりと休憩をします。そのおいしいこと、以来どんな高級レストランでもお目にかかったことがない生ハムと田舎風パンでした。

クラウディオと私は働きもしないで、おやつだけはしっかりといただきました。澄んだ空気とふんわりと包み込まれるような太陽の下、隣の畑で働くおじさん、おばさんと一緒に草のカーペットの上で、ワイワイおしゃべりしながら食べたパニーニの味は、忘れることができません。みんな、みんないい人たちだった。働き者だった。

でも悲しいことにこのおじいさんとおばあさんの一人息子で、クラウディオのパパは、畑の仕事中、耕運機が転倒し右足が下敷きとなり、右足の膝から下をなくしていました。パパは、とてもハンサムで、気っ風がよくて、ユーモアがあり、クスの木が太くたくましく育って、豊かに緑をたたえ、香しさを放っているような性格でした。大好きでした。

帰国してから二九年の間一、二度葉書きを書いたけれど、返事もなくて、それ以外お互いに何の沙汰もしませんでした。でももちろん！この家族の温かさは、忘れたことがありません。後年、牧ばあさんの羊に追っかけられた話を、息子たちに、「昔ね……」と、話したりしてはいましたが、あのトスカーナ特有の緑と風とお日様、畑で食べたパニーニの味、そして何よりもムッツィじいさんちの温もりはどんな言葉をもってしても足りず、伝えられなくて、心の中に大切にしまっていました。

今回は、何が何でも訪ねたいと心に決めていました。知っているのは、名前のムッツィ・オルランド、村の名前のロッカストラーダだけでした。困ると頼むシエナの友人を、またまた拝み倒して、電話番号を探してもらいました。

「ムッツィ・オルランドはないよ。オルリンドならある。三〇年近くなるんだし、きっとアイコの記憶間違いで、オルリンドだと思うよ」

ウーン、オルランドとオルリンド……ちょっと違うなあ、でもやってみよう。オルリンドさん家に電話をしてみました。

「アイコです。三〇年程前にお宅に伺ったアイコです」。電話に出たおばあさんは怪訝そうに、「解らないねえ、知らないねえ」

……やはり忘れられたかなあ、いやでもこのおばあさんの声も私の耳に残っている声とちょっと違う。

「ムッツィ・オルランドさんと記憶しているのですが……?」と言ってみる。「オルランドなの？　それらなら親戚よ」

「そうですか、電話番号をご存じなら教えてください、お願いします」

おばあさんは、受話器を持ちながら、ガサゴソ……。

「ちょっと待ってよ、見えやしない」と言いつつ、電話帳を捜し、眼鏡をかけて、ページを繰って……とても、とても長い時間かかって（と私には思えました）……やっと、「ここ、ここ、あった、あった」と番号を教えてくれました。

番号を書き写している私の手がなんとなくもう震えてきている。電話を掛けたら、何と言えばいいのだろう……。ホテルのベッドに腰掛けつつ、落ち着け、落ち着くんだと自分に言い聞かせ、三度、深呼吸をしてからダイアルした。

「プロント、私、アイコです」。聞き覚えのあるクラウディオのママの声が飛び込んできた。「あらっ、アイコ！　元気？　どこにいるの？　いつ来るの？」

三〇年の年月も何もない。電話一本で昨日のような話しぶり。「お久しぶりねえ」もなし。こんな温もりってあるかなあー。あるんだ。私もママのちょっとハスキーな声を聞いた時、ママの目元、ほんのすこーし受け口の口元、きれいな肌のつやまでも目の前にくっきりと浮かんだ。飛んで行きたかった。

（三）

二日後にフィレンツェを発ち、道中昔と変わらないのどかで、心落ち着ける風景を見ながらシエナについて、シエナからタクシーで飛んで行った。

今回、イタリアに着いてすぐ買った携帯電話のお陰で、運転手とロッカストラーダのパパは道順を打ち合わせることができた。〝ムッツィじいさんち〟と、〝携帯電話〟というものが結びつかず、ちょっと納得がいかない気分だったけれど。

村の中央にあるバールまでパパが迎えにきてくれた。

「チャオ、アイコ！　運転手さん、一緒にお昼ご飯どう？」

「ありがとう、でも帰らなきゃ」

「いいじゃないか、お昼だし、食べていきなよ」

村のバールからパパの車で、パパのあたたかーい話し声を前奏曲に、丘を越え、ゆるやかなカーブの道を進み、懐かしい、懐かしい〝わが家〟に到着。

ムッツィじいさんが、「おーっ、やっと……」と言いながら、階段の上で両手を広げて待っていてくれている。ママもいる、クラウディオもいる、クラウディオのお嫁さんもいる、クラウディオの子供もいる。

ムッツィじいさんは、二年前の脳溢血の後遺症で、ちょっと言葉は不自由だったけれど、顔はちっとも変わっていなかった。正直に真っ当に働き、いい年月を過ごした顔だった。

おばあさんは二年前に亡くなっていた。

私はムッツィじいさんと抱き合ったとき、涙があふれてきた。すかさず、ママが近寄って、よく働いた手で頬に伝った涙をキュッキュッとふいてくれた。

私の到着時間に合わせて、料理が用意されていた。自家製のホウレン草入りのパスタ、飼っていた豚肉のロースト、自家製のケーキ、どれもこれもおいしかった。胸が一杯で、味がちょっとわからないくらいだったけれど。

土間だった床にはタイルが打たれ、電気も来ていた。階下の牛小屋はクラウディオ一家の新居となり、それは、きれいなスィートホームとなっていた。


食事も中盤の頃、「今日はどうするの？」とパパが聞いた。

「今日はこれで帰ります」

「なに、帰るって？　こんなに久しぶりなのに、そりゃないだろう。三日はいるんだろう」

言葉の一つ一つが、温かかった。

昔、羊に追っかけられた時、太っちょだったクラウディオは、見上げるくらいに立派な体格となり、男の子の父親になっていた。私が、フィレンツェから電話した日、ママがクラウディオに、「今日ね、珍しい人から電話があったのよ。誰だと思う?」ときくと、「アイコでしょう!」と即座に言ってくれたという。

遠くに嫁に行った娘を迎えるように、家族みんなが、迎えてくれた。貧しくても、キンキラキンのお金持ちでも、無名でも有名でも、昨日、刑務所から出所したばかりでも、同じように迎えてくれた気がする……。

「元気に帰ってくれれば、あとのことはどうでもいい」

ツボにはまったような安心感を与えてくれるそんな家族なのだ。

三〇年の間、ムッツィじいさんは何度も、「アイコが、こう言ったねえ、こんなことしたねえ」と言っていたそうだ。ありがとう、ムッツィじいさん。

決して豊かではないのに、人間味あふれる生活。なにがそうさせるのかなあ? 何十年も太陽や雨や風、家畜と一体になって働いて、過ぎた欲を持たず、ちゃんと生きて来たからかなあ……。

ムッツィじいさんは、物心ついた時から働いていて、学校に行けなくて読み書きが全くできないと今回ママから聞いた。パパもママも書くことに自信がないから、知り合いの弁護士に頼んで、昔々一度手紙をくれたそうだ。

その昔、イタリア人は、「地の果ての国日本」「太陽が昇る国日本」とよく言っていた。家族の誰もが、海の向こうに手紙を出すことは、意識の外のようだった。学歴も、肩書も、たくさんの収入がなくても、四世代が、豊かで幸せにそしてとてもおいしく！　暮らしているムッツィじいさんち。

「今度は、もう少しゆっくり訪ねるから元気でいてね」

口には出さなかったけれど、祈るような気持ちで、心の中で何度もつぶやいた。

二五年目のチャオ！

一九七三年に帰ってからもずっとイタリアへの思いは満タン、いや吹きこぼれるくらいだった。小さなハートの中で熟成され続けている。なぜにこれほど遠いんだろうともどかしく、その距離感が不思議だった。

バールでエスプレッソの香りを含めない。心弾むイタリア語が全く聞こえてこない。ぷっと吹き出す滑稽な会話がない。あの腹が立ついい加減さがない。名だたるブランド店の凛としたショーウインドーがない……。

マルゲリータからは手紙を幾度も受け取り、また学生時代から付き合っていたラファエッロとの結婚式の招待状も受け取りながら、私の方の妊娠、出産、育児など生活の激変で、時間的にも精神のゆとりもなく、返事もせず、イタリアは遥かなる国となっていった。恩師・知人にも大変な不精と欠礼をして時が過ぎて行き、マルゲリータの結婚後の住所も全く分からなくなっていた。

私にとりイタリア生活イコールマルゲリータというほどに大切な人だったので、所在が分からなくなったことはイタリアが限りなく遠ざかって心に洞窟ができてしまったようだった。二五年も経ってしまってから、シエナの近郊ソヴィチッレで公務員をしているポンピーリオにマルゲリータの姓名と出身地サルデーニャの住所だけを書き送り、見えやしないが平身低頭頼んでみる。彼はその二つを手がかりに、イタリア半分を半年かけて探し、とうとう一九九六年一月に人口五八〇〇万人の中から住所を見つけて知らせてくれた。声が出ないほど驚き感謝した。

知らせを受け取ってすぐに、錆び錆びになったイタリア語で手紙を書き速達便にする。返事を待った。大した時間ではなかった気もするが、待てど暮らせど来ない、返事がない。だんだん心中穏やかではなくなる、そうだ、あんなに不精をした私が悪い、怒って当然だ……。諸々の後悔の念が脳裏を掠《かす》める。

ものは試しと、KDDに住所を伝え電話番号を尋ねる。文明の進歩はすごい、すぐに自宅電話番号が判明。時差を考え、イタリア時間の午前一〇時に電話をしてみる。彼女は既に出かけていて留守だったけれど、高校生になった長男と話しができた。とにもかくにも、彼女の存在は確認できた。同日彼女の差し出しで、わが家に長文のファックスが入る、結婚後四人の子供がいる、建築家としてイタリア各地で仕事をし、大学で後進の指導もしていた。夫ラッファエッロは、都市設計家になった。三八歳で脳血栓で倒れ、一年間死の淵をさまよい、二年目は全く話せない状態だが、かろうじて車椅子生活ができてリハビリに専念した。八年後には歩けるようになったけれど右手は全く使えない。話す方はどうにか他の人に分かってもらえるまでに回復している……。

非常に明確に状況が記してあった。あの元気でお転婆で頭が良く、常に人の面倒を見ていた彼女がなぜ……。悪い夢か作り話であってほしい。ファックスを受け取った日の夜、イタリアの昼食時にもう一度電話してみる。

「プロント（もしもし）、アイコよ」「アイコすぐにいらっしゃい！」。マルゲリータの声だ。あたかも「スパゲッティーできたわよ、冷めないうちに来て」フィレンツェの学生時代に招いてくれた時と同じ調子、二五年間の時空を超え、第一声は、はっきりしていた。その後の会話は、後遺症による言語障害で言葉につまりながら、また言葉を探しつつ……。温もりを感ずる近しさ懐かしさ、大病を患った彼女を想うと始め五分間くらいは涙が止まらない。マルゲリータは、国際電話の料金を心配してか、早く喋らなければ……と焦っている。焦るとますます言葉が詰まってしまう。笑いながら、「……私……外国人みたいだわよねえ……」

日本からの電話、ボストンに住む相棒だったヴィルジニアの近況、マルゲリータの住所を探してくれた友人の妻がベルギー人……など話すと「何とまあインターナショナルな！」と言ったので私もつっこむ。「マルゲリータ、あなたも外国人みたいだから……」で泣き笑い。

手紙の返事が来ないはずだった、前日入ったファックスも彼女の夫ラッファエッロが代筆してくれていた。字が全く書けなくなっていたのだ。「大きな家を買ったので、アイコだけでなく家族一緒にそしてヴィルジニアにも声かけていらっしゃいよ」

マルゲリータの住所が分かり、彼女の病状を知ってから二五年ぶりにイタリアに行こうと決意した。会いたい、見舞いたい、彼女の現実を受け止めたい。しかし、反面イタリアに行くのは少々怖かった、いやとても危惧していた。

私の魂にまでしみ込み大きく膨らんだ友情、あの会話の楽しさ、触れ合いの温かさが幻のごとく消え去ったらどうしよう！年月をかけて空まで届くような勢いで積み上がった思いが、崩れさったらどうしよう！耐えられるか……いや耐えられない……。たった二年間のイタリア生活と思い出が、それ以降の私のベースを作り、柱となって支えてくれていたから、その核が壊れたらどうする……。二五年ぶりにイタリアに行けるというときめきと同じくらい、胸がズキンとする危惧が強かった。アメリカを始めオーストラリア、南米、アジアにも旅行はしたが、一番〝帰りたかった〟イタリアは、怖くて行かれないでいた気もする。

一九九七年一一月、ミラノの空港に着いて憶えのある空気を感じ吸った。マルゲリータの空港への出迎えは断り、ホテルで一泊、呼吸を整えてから列車でレッジョ・エミリア駅に到着。ミラノから五〇分の距離だったが、車中ワック・ワック、ドッキン・ドッキンしっぱなしだった。五〇分は瞬く間に過ぎ、ホームの中央付近で待ってくれたマルゲリータと夫ラッファエッロを車窓から確認できた。列車を降り、駆け寄って声にならない。「チャオ……」。マルゲリータと抱き合ったら涙が止まらない。目を合わせた途端に気持ちはぴったり合った。すべて杞憂だった。

二人から、「どこに旅行したい？　見たいところは？」と聞かれるが、この訪問の目的は、二五年前、フィレンツェでしたことの続きで、あったりまえの時間を過ごし、あったりまえにストーンとハマリたかった。観光しようなど思いの枠外だった。

レッジョ・エミリア市の中心からほんの少し郊外の彼女の家に着いたら、チェゼーナに住むパオラが素晴らしいレディになって全身笑顔で待っていてくれた。

マルゲリータの家に滞在中、腕を貸しながらではあるが学生時代のように散歩し、メルカートで買い物し、バールでエスプレッソを飲みながら笑い転げて、夜ベッドに入るまでくっついて語り合った。優秀な成績で大学を卒業し、数年建築事務所に勤めたのち、自分の事務所を設立し、並の人の倍以上働き、それなりの生活を手に入れ、そして脳血栓に倒れた。一〇年以上も後遺症に苦しみ、今もリハビリと闘いながら前を向いて歩いている。近い友人たちみな口をそろえて言った、「四人子供を生み育てながら、とにかく働き過ぎた……。飛び回り過ぎた……」彼女の家を発つ前日、「一週間は短すぎる……、もう少し長くいて……」。マルゲリータの生きるための野望と努力は健在なり。

出逢い、ニュー！

マルゲリータ夫妻に見送られてレッジョ・エミリア駅を発ち、列車がフィレンツェ中央駅に滑り込んだ。駅の構内アナウンスが、「フィレンツェ中央駅サンタ・マリア・ノヴェッラ」。ああ、帰ってきた。列車の止まり方も雑踏も下りたときの匂いも昔と一緒だった。のちに世界的規模になった「ロムアルドデルビアンコ財団」の創設者、ヴィヴァホテルズのオーナーで、「国交のない国の若者たちをフィレンツェで出合せ融合のための文化交流」を始めたパオロ・デル・ビアンコ氏の招待で、ポンテ・ヴェッキオに隣接するホテルに一週間滞在した。

着いたその日から、財団の異文化交流の一環に加わって、ポーランド、ルーマニア、チェコ、スロバキアなど東欧の美術系大学の学生および教授陣と一緒に財団プログラムに参加。私にとっては、思い出深い場所ばかりをまわる。ミケランジェロが初代学院長だった国立美術院では、学院長自らが面白おかしくまた真摯に案内してくれ学院内見学。ウフィッツィ美術館見学はもちろん、主にルネッサンス期の作品修復をする研究所の見学もあった。

修復研究所見学は初めてで、緻密すぎて気の遠くなるような作業だ。見学中、一人のベテランが、「修復の仕事に足を踏み入れると、この下の色は何色か、またその下の色はと興味が尽きず、驚くばかりの発見がある。その過程があるから、仕上がりの色の表現に得心がいく。その繰り返しの作業で、自然とのめりこむ。あの興奮を味わったら修復作業から離れられなくなる」

見学したときは若い人たちも多く、広い部屋の中に分散して名画の修復作業をしている。人の気配を全く感じないほど、ルネッサンスに集中して無音の時が流れている。できるだけ音をたてないよう歩いたが、それでも歩を進めるのは、はばかられた。数日行動を共にした東欧の美大生たちのフィレンツェ・ルネッサンスに対する貪欲なまでの向学心と彼らの清貧ぶりに心洗われた。庭の不揃いのリンゴ、マンマの作ったパンまでもってきていた。ブランド買いなんて無縁だ。最終日は、全員参加の大パーティ。別れ際、交流団体主宰者のデル・ビアンコ氏に「今回の招待に心から感謝します。何かできることはありますか?」と尋ねると、「日伊交流をしてほしい」。この一言で、私の生活に新しいページが加わり、豊かになり、デル・ビアンコファミリーとも深い絆ができた。

大家族

フィレンツェ滞在中、シエナ郊外のソヴィチッレに住み公務員になり、マルゲリータの住所を探してくれた大恩人でもあるポンピーリオの自宅訪問。知り合った時は、シエナ大学の名物学生。新聞にコラム欄を持ち、毎週執筆。そしてキリスト教民主党々員で政治家志望、各種集会に精力的に参加し、大変な人気ものだった。道で人と会っても、学生食堂でも親しみを込めた演説調で老若男女を問わず巻き込んで会話を楽しんでいた。彼が話していると周りが陽・陽となった。この人は少なくともシエナの市長、いや国会議員にでもなるのかなと私も夢を託した。昔々、私の帰国直前に彼はこう言った。「いつか、何一〇年後にアイコがイタリアに来るとしよう、政治家になっている僕は当然多忙だ。直接話はできないから、まず秘書に電話して、アポイントを取り時間が空いていたら会えるだろう！一回の電話では無理かもよ」ウン、……そうなるかも知れない……。

二五年後に秘書も通さず！ソヴィチッレ市役所に電話して直接話し、彼の自宅を尋ねた。一三〇〇年代に建てられた丘の上の大きな農家風の家に住んでいた。一階は、その昔の農機具置き場か穀物倉庫風、二階が住まい。広い窓からは低い山が連なり、空気はどこまでも澄んでいた。所々からほんの少し煙がたなびいている。木立で見えはしないが、民家の薪ストーブの煙のようだった。

ベルギー人の妻と五人の子供たち全員で、にこにこしながら出迎えてくれた時は、時の移ろい、人生の進化!?に頬をつねりたい気分で、気付けにブランディーを所望したいほどおったまげた。ポンピーリオの真っ黒だったけれど昔から後退していた頭髪と自慢の髭は、真っ白になりオツムは更に後退していた。竜宮から帰った浦島太郎が玉手箱を開けた瞬間と重なった。既に大学を卒業した弁護士志望の二五歳の長男を頭に小学校四年生までの五人の子供がいたのだ。オツムが真っ黒の頃、一度国会議員選挙に出馬した。そのときのでかいポスターを引っ張り出してきて見せてくれた……そして、のたまう。

「大政治家にはなれなかったけれど、大家族を作ったよ!」

孫が……

フィレンツェ滞在中ホテルに、美術教師マーラと測量学教授になったジャンカルロそして娘のシモーナがマッサから来てくれる。彼らがホテルに到着し、エレベーターを降り顔が合った。

「チャオ! アイコ!」。憶えのあるジャンカルロトーン、このひと声で、二五年の歳月は消え去った。一九七三年私どもの結婚式に来てくれた時、マーラは妊娠中だった。そのポンポンの中にいたシモーナが数年前結婚して、ポンポンに子を宿している。友情三世代目が誕生しようとしているのだ。こうして、恩師や他の友人とも再会して、私のイタリアに対する喜びがまた大きくなり、出発前の恐れ慄《おのの》きは全くの杞憂となり、大喜びで、自分が一回り大きくなったような気分で帰国の途に着いた。そこから日伊交流に発展していき始めた。

一九九九年冬

仕事からも家庭事情からも縛られていて、イタリア行きは見送りかなぁと、あきらめの心境でいた一九九九年の冬。そこへ、マルゲリータから、「わが家もEメール設定」の報が届き加えて、「二年前、あなたが泊まった部屋から最近、フィルムが一本見つかった。現像してみたらあなたの撮ったものだった。どうしたらいいかしら……」。ウム、これは、「待っているわ、来なさいよ」と同義語じゃあないの。これは受け取りに行かねばなるまい、行かねば女がすたると、即刻、飛行機の切符を手配。そしてイタリアへ返信Eメール、「マルゲリータ、すぐ行くわ！」。

このような無鉄砲極まりない発想で、今回の旅行はスタートした。しかしながら、翌日、大きな言い訳を加える。以前、名古屋日伊協会会報に寄稿していた「ちょっとセピア色のイタリア記」の続編として、「その後の友人たち」のようなタイトルで書いてみませんか？と、うれしいお誘いを受けていたが、思い出は山ほどあるけれど「その後」のアイディアは枯渇しており、なかなか書けずにいた。

書くためのカンフル剤として、今回はイタリアの友人たちの「取材旅行」にしようと立派な大義名分ができた。行く前に人選して、電話とメールでアポイントメントをとり、計六人の女性にインタビューした。それは未熟なイタリア語、質問するときは、少ない脳みそをフル回転させ、聞く時は全身を耳にして、時に喉はカラカラとなり……まあそれは緊張、また緊張。でもお陰で、恩師、友人については、今まで知らなかった社会的地位とか、仕事に対する姿勢や情熱を知ることができ、友情という平面だけでなく、人となりを立体的に理解できたようで、意義あるものとなった。

また、ロムアルド・デル・ビアンコ財団会長と会い、二年前から進めているフィレンツェの美術院と、京都にある大学の美術学部との学生交流のための今後の活動を語り合ったりもできた。古き良き友が、新しき良き友を紹介してくれて、二週間の旅程だったが何倍にも匹敵するほど豊かなものになった。黒髪で細い目の、どこから見ても日本人に間違いないふうの私に、昔、留学していたころ、「身内にだれかイタリア人がいるの？」と時々尋ねられ、「そうよ、私のおばあちゃんがイタリア人なの」とすまして答えていたりしたことがあったが、今回は、聞かれるまでもなく、私自身が「前世は、おじいちゃんもおばあちゃんもイタリア人だったに違いない！」。

空気も人の情もぴったりしっくり、まさに古里に帰った気分になれるのだ。なぜか初めて会った人とも忌憚なくすんなりと芯から話し合える。前世はイタリア人と感ずるほどではあるが、傷ついたり、いやなこと、耳の痛い話もあるがこれもイタリアだ。

円形のマント

ローマ空港には、マルゲリータがレッジョ・エミリアから来て迎えてくれ三日ほどマルゲリータと一緒に腕を組んでローマ見物。学生時代がよみがえり二人とも家庭から解き放たれ、自由な気分。建築家だった彼女は、教会や各種歴史的建造物、名画、彫刻にもたいそう造詣が深くなかなか良いガイドだ。

ボルゲーゼ美術館をゆっくり見て心は満足、でもおなかは減ってきた、お昼をとろうと、街の一角の「タボラ・カルダ」に入る。前菜、パスタ、メイン料理が幾種類もガラスのケースにそれぞれ大きなトレイに盛り込んで並べてある。レストランより安く、目の前に料理が並んでいるので、その日の唾の込み上げ具合と好奇心で量も決められ、観光者としては、時間の節約にもなりとても便利だ。まずは、おなかのすいている私から注文し、取り分けてもらう。

次はマルゲリータの番。ウェイトレスが、「それで、こちらの奥さんは何にします？」。マルゲリータは、欲しいものを指さしながら、「あの……あの……」。言葉がサラッと出て来ない。痺れを切らしたオーナーらしき女性は、きつい口調で、「これっ？　それともそっちなの？」。何秒も待たないうちに、みるみる険しい顔になり、ぞんざいな手つきで皿に取り分けてから、一言たたきつけるように、「面倒で、いやらしいったらありゃしない！」。街の所々にあるインフォメーションセンターでのこと。マルゲリータは、歩くたびに体を傾けながら、「ボンジョルノ」とドアを開けて入って行くと、案内所の事務員は、まずマルゲリータを上から下に、下から上に絡みつくようなしつこい目つきで何度も眺めた。カウンターにおいてある簡単な観光案内用の地図をもらってから、地図を指さし、「こ・の・教会は、ど・う・いくの・かしら？」、つっかえながら、何度も単語を間違えながら質問した。

すぐに通じない相手と見て取った事務員は、面倒くさそうに、「あんた何人なの？」。マルゲリータは、「またかぁ……」と苦笑してから「イタリア人よ。サルデーニャ出身よ」。事務員は呆れた様子で一呼吸おいて、「こう、こうよ！」と、道順を地図上にサーッと指でなぞる。とても理解ができる速さではない。

マルゲリータは、カウンターの上のボールペンを左手で取り、右手が全く動かないため、キャップを口で抜き、左手で道順をメモして、ペンを返す。一部始終を凝視していた事務員は、戻されたボールペンを見てから、こちらにはっきりわかるようにわざと大きく顔を歪めて、指先でボールペンを高くつまみ上げ、クルッと掛けている椅子を回転させて、後ろの棚に「カーン」と音高く投げ捨てた。

それでもマルゲリータは、全くひるまず、「ありがとう、さようなら」。二人で挨拶をしても冷たーい空気が返って来ただけだった。

ローマ見物中は暖かく、日中はコートがいらないくらい。一二月に入っているのに、その日は、四月中旬のようなお日和で少し歩くと汗ばむほど。コートは荷物になるだけと思われた。二日目の朝、マルゲリータも出掛けに、「暑い、何て暑いのかしら……」と、何度もつぶやきながら円形のマントを着込んでいる。「今日はコートなしで行かない？」と言っても、無言で脱ぐ気配なし。

ローマでは、駅、バス、地下鉄など人混みの中では、肩からバッグを掛け、その上からコートを着てなおその上からバッグを押さえて歩く。スリがとても多いのだ。地下鉄の中では、数人の婦人に、外国人の私のバッグを見やりながら、「気をつけて」と、目配せを受ける。ましてや障害者と見ると隙をつかれたりして狙われやすいので、決して右手が不自由であることを悟られてはならないのだ。

マルゲリータは、ハンドバックを右肩からタスキ掛けにし、小銭以外の大切なものはウエストポーチに入れしっかり留めていた。いくら春うららのお日和でも円形のマントをきちんと着て、決して右手が不自由であることを悟られてはならないのだ。

わがマルゲリータは、ちっとやそっとのことでめげる人ではない。私に「わかった？

これもイタリアよ」と無言で示し、そしてどこに行ってもお上りさんの私のことを気遣ってくれていた。

トランペッター

マルゲリータとローマから列車でフィレンツェに移動したときのこと、ローマの駅は、人種の見本市のように世界中からの観光客、涙で発つ人、笑顔で帰る人、近寄ったらヤバそうな人、深刻な顔で段ボール箱の荷物を山盛り引っ張っている人などでごった返していた。フィレンツェ行き列車は大幅に遅れ、やっと着くことになったのに、何番プラットホームに停車するのか表示が出ない。二人で右往左往してかなり疲れ気味。やっとの思いで、コンパートメントの席にたどり着き、ほどなく発車。二人で顔を見合わせてフーっとため息をついた直後、かたぶとりの中年男性が、「ここ空いていますか？」と他の席から移って来る。荷物を棚に上げながら、「まったく、いやんなっちゃうよ。あっちのコンパートメントは、暖房機が、ジージーガーガーすごい音を立ててるんだから」。闖入《ちんにゅう》したことを詫びるように言い訳をしながら腰を下ろすと、手元のケースから、トランペットを出して、いとおしそうに柔らかな皮布で磨き始める。「僕は、ナポリの近くアグローポリ出身のトランペッター。これからボローニャで演奏し、来週はイギリスに演奏に行くんだよ」。そうか音楽家か、だから雑音が気になったんだと納得。

「僕は、一八人兄弟でね」。ほかの三人一斉に声をそろえて「一八人!?」と、耳をうたぐるように聞き返す。

「昔は娯楽がなかったんだねえ、あの時代テレビもなかったし、地域でたまに催されるコンサートは、大勢の子持ちじゃ行かれやしないしね。親父とおふくろ子作りに励んじゃったんだよ。二〇年の結婚生活で一八人だよ。職人だった親父は、僕が四歳の時に亡くなった。それからは、筆舌に尽くしがたい貧乏だったよ。おふくろはとにかく働いた、人に言えないことまでやったよ。でもね、救う神ありでね、隣近所の人が面倒見てくれて、毎日あちこちの家に分散して、その家の子供たちと同じように食べさせてもらったよ。近所の人達のふところの温もりおかげで、育った」

ナポリ音楽院の出身と聞いたので、「音楽を身につけるにはお金もかかったでしょうに……」と言うと、「そうだよ、音楽をやるためにはとてもお金がかかる、今も昔も変わらないよ。中学時代にトランペットを始めたけれど、いい先生ばかりでね、どの先生も家の事情を知っていて、お金を全く取らなかったんだ。僕が働くようになってからは、直接本人には、返せなくても何らかのお返しをしたいと思ってね、できるだけ他人に親切に、そして困っている人には手を差し伸べるようにしているよ、務めだと思ってね」。コンパートメントの中、言葉なし……。

かたぶとりさん、皆の気を取りなすように、「一曲演奏しようか」と立ち上がって、「My Way」を演奏してくれた。狭いコンパートメントの中で、情熱のトランペット演奏、どれほどの音量か！

同席の青年はあまりの音量に席を立って出て行った。でも私には彼の気持ちが、音量と共にズンズン響いた。演奏を終えるとトランペットを柔らかな布に包んでケースに戻し、棚のリュックから、「これね、今朝女房と一緒に作ったんだよ。庭のイチジクを干して、それにチョコレートをからめたものだよ。季節ものだね」と振る舞ってくれた。フィレンツェ駅に着くとマルゲリータの手を取って下車させ、二人分の荷物を下ろし、私にイチジクチョコレートを一抱え、ドカッと渡してくれた。

その夜、フィレンツェのパオラ宅で夕食のあと、皆でつまむ。「美味しいっ！」パオラは、いくつも頬張る。列車の中の一件を話すと、パオラは、「まあ、何てことなの。あなた見ず知らずの人からもらってきたの!?」と、呆れ果て軽蔑の眼差しで私を見つめながらも手はしっかりとイチジクチョコレートをつまんでいる。「でも、おいしいわねえ」。また一つつまんで、「ウーン、なんて美味しいんでしょう」。

ピアニスト　F・チャンティ

一九七〇年にフィレンツェ音楽院でピアノの先生として出逢ったチャンティは、三〇代でしたが、身も心も成熟したヨーロッパ女性と表現したらいいのか、それはファンタスティックなオーラが立ち、小娘の私はいつもその華やかな雰囲気に圧倒されていた。

その頃、日本では珍しかった豪華な毛皮のコートや、ゴロっとするくらいの大粒のダイヤモンドの指輪、繊細な模様が彫られた太くて大ぶりな金の腕輪など宝石の類も更に先生の魅力の上乗せをしていた。

音楽院に通い初めてすぐ家に招かれ、「ここは、あなたの家でもあるわ。来たい時に来たらいいのよ。覚えておいてね」。この言葉が今も忘れられない。今回もお宅に伺い、夕食をいただきながら語り合う、いやインタビューする。

一九三四年生まれの先生は、「とにかく私はピアノが好き。六四歳になったけれど死ぬまでピアノを弾いていたい、できたらピアノを弾きながら死にたいと願っているわ」。

「私の実父は、四歳の時に亡くなって母は再婚した。私は母方の伯父夫婦に引き取られ育てられたの。小さいころの私は、それはやんちゃで皆に手を焼かせたらしいの。ただ一つピアノを聴かせたり、触らせておくととてもいい子だったそうなのよ。幸い伯母がピアノを弾く人だったから理解があったのね。五歳からレッスンを受け始めたわ。飽きることなく何時間でもピアノを弾いていた。その音楽も勉強も学校には全く行かずプライベートレッスンだけで教育を受け、一四歳でピアノのディプロマを取得したの。ディプロマ試験は古典から現代曲まで多くの曲数をこなさなければならない、一四歳という年齢は体も小さく従って骨の形成も未熟でしょう、だから弾きづらいものもあったわね。でもそれよりもラテン語の古典文学や国語の試験が難しかった。一八、九歳くらいで学ぶものを試験勉強したのだから理解することが大変だった」「それ以降、いつもピアノと一緒、いやだと思ったことは一度だってない」

夫君のチェーゼレ・オルセッリ氏は音楽評論家であり、同じフィレンツェ音楽院で音楽史の教鞭をとり、著作も多く、イタリア各地でオペラの音楽監督も務めるなど、幅広く活躍。オルセッリ氏と一緒の食卓で、「ご主人がいらっしゃらないという設定でお尋ねしたいのですが」と、前置きし、「一緒の音楽畑で仕事をすることは難しいこともありますよね?」と聞くと、「二人の話題はほとんどいつも音楽のこと、音楽解釈上でも演奏上にもとても良い刺激になっている」。ご主人をチラッと見やって、「でもね、同じ屋根の下に音楽評論家がいるんだから大変なことは確かよ。というのはね、彼は決して褒めない人なの。当然のことながら、ピアノは音が出てしまう、隠すことが全くできないでしょう。練習していると、あそこがちょっと、ここの所はこんな解釈がいいと、横槍が入るのよ」。

するとその場にはいないことになっているはずのオルセッリ氏が間髪を入れず、「何を言っているんだい、歯が痛くなって歯科に行くとする、歯医者が揉み手をしながら、『美しい奥様、三二本の歯のうち三一本までは完璧でございますが、大変残念なことにこの右の奥の一本だけほんの少ーし悪くなっております。如何いたしましょう、お治し致しましょうか』なんて言うかい？　単にこの歯が悪いと言うに決まってる」。皆で大笑い。


「今までは主にソリストとして演奏をしてきたけれど、最近は合わせものがとても楽しくなってきた。ヴァイオリン、声楽などと一緒に音楽を創り上げていくことに喜びを感ずるの。特に今は歌い手との合わせに惹かれている」

ちょうど私がイタリア滞在中に、「知られざるマスカーニ」のタイトルでリミニにおいてコンサートがあり、先生は日本での演奏経験もあるソプラノ歌手の伴奏をされた。フィレンツェからの道中、リハーサル、そして本番までずっとそばにいて先生の音楽に対する真摯な姿勢に襟を正される思いだった。その折のプログラム紙面では、作曲家マスカーニの解説を夫君のチェーザレ・オルセッリ氏が担当していた。

先生は日本が好き、というより何か因縁めいたものを感じているようだった。不思議な話を聞く。

「子供のころからとても可愛がってもらっていた伯母がいた。その人は行ったこともないのにいつも日本について文化、風習などの話をとてもうれしそうに熱く語ってくれていた。亡くなる直前も病院のベッドで、『いつかきっと日本に行こうね』と言っていた。私は、行ったこともないのに幼い頃から日本という国が身近に思えて私の中で膨らんでいた。そしたらあなたと縁ができ、今また私は仏教に帰依している」

先生は深いところで日本が切り離せない、私はイタリア狂。先生とは師弟の枠を越えた絆があるような気がしている。

先生に輪廻を信ずるかと聞かれて、……そうかもしれないと思ったことだ。

建築家　パオラ・バルドーニ

ボローニャのとなり町、チェゼーナに住むパオラは、ちょっと太めのイタリア美人。現在自分で興した建築設計事務所の経営者、また三州にまたがる建築家協会の会長も務めている。パオラと私は、その昔、彼女の家でマンマの料理で心が温まったり、二人で面白可笑しい小旅行をしたりした。今もジーンと来る思い出は、私共が結婚式を挙げ、ホテルに帰ったら、部屋の雰囲気を一変させる大きな花籠が三つあった！　その一つがパオラのマンマからで気品ある真っ白なアレンジの花籠にカードが添えてあった。

建築事務所「I.A.G.A」は、設計士、測量士、コンピューターデザイナー、事務員など社員一〇人を抱える中堅どころの設計監理事務所。学校建設、地域スポーツセンター、墓地のセレモニー会場など公共施設、民間のスーパー、個人用の住宅までこなしている。また、戦後イタリア復興期の混沌とした時代、街の郊外に多くの公団住宅が建てられ三〇年以上経て、往時の工法のずさんさが表面化し、社会問題化するほどの事態になって、その修繕、修復工事も手掛けている。


「なぜ建築家の道を選んだの？」

「私が学んだ文化系高校では、芸術方面の授業が多くあり、その中に建築設計の授業もあった。設計に触れているうちに夢のある道だなと感じて将来は建築家になりたいとフィレンツェ大学の建築科に入学した。大学に入って勉強を進めていくうちに建築家というのは人間的な温かみを保ちながらする仕事だなと感じ入り、選んだことに迷いはなくなった。卒業後は、他大学で助手をしたり、いくつかの建築事務所に出入りしたりしているうち自分の事務所を持つことを考え、一九八五年に立ち上げた」

「女性建築家として障害を感じたことはない？」

「それは、全くないわ。ただ私が事務所を始めた八〇年代は、女性の建築家はとてもめずらしかったから、入札に赴いた官庁や、建築現場に打ち合わせに行くと、〝ナヌッ!?〟というような驚きの顔で見られた。時には、私が行っても打ち合わせが始まらない。なぜか皆、何も言わず私の後ろばかり気にしている。私の後から、ちゃんとした男性の建築家がやってくるものだと待っていたのよね。最近は女性の建築家も増えたのでそんな事は笑い話になったけれど」

「これからは、どんな仕事をしたい？」

「若い人と一緒に仕事をしつつ、後進を育てて行きたい。私には子供がいないので、当然のことながら子育てというものをしなかった。若い建築家を育てることで、私の喜びに替えたいのよ。マンマをしたいのかなぁ」

パオラは、ヨーロッパ的正統派のおしゃれ上手。繊細さを合わせ持ち、とても女らしい人なので、こんなに手広く、ましてや海千、山千の男どもと渡り合って仕事をしていることは、話を聞いたあとでも想像が難しいほどだ。今回、彼女の仕事面での話を聞いてこんなに偉くなったんだと驚き、誇らしく思えた。

薬剤師であるご主人は、フィレンツェに住み、週末にどちらかの家に出向く、いわゆる別居結婚、お互いの人間性を尊重し、能力を生かし合い、かつ自由である結婚形態。しゃにむに、子供を育て、仕事、家庭を育んできた私からは、パオラのようなゆったりと優雅さを保った生活も良かったかなあと、ちょっと羨ましさを感じたことだ。ご主人のピエロは、料理も上手。「いつも家にいてもらいたいとか、家庭の雑事をこなしてもらいたいとか思ったことはないよ。彼女が彼女らしくいられることが僕の喜びでもある」と、すごーく優等生的発言。私が、「適当に風が流れる別居結婚だから今まで持ったのかなー」と言ったらピエロは、向こうを見てクスッと笑っていた。

チェコ共和国名誉領事　ジョヴァンナ・デル・ビアンコ

一九九七年名古屋日伊協会の会報上にて、〝フィレンツェのVIVAHOTELSが、異文化交流のために、宿泊招待者募集〟の記事をみつけた。二五年ぶりにイタリアに行こうと決めていた私は、ものは試しと京都のイタリア文化会館に連絡、規定用紙を取り寄せ、必要事項を記入し、かつ求められもしないのに、〝イタリアをとても愛しています。私の心の半分は二五年間トスカーナに置きっ放し……〟といったような文を一枚書きファックスで送付した。

学校でもどこでも不出来だった私は、それまでに招待とか奨学金を受けることなどに無縁の人生を送っていたので、〝当たるも八卦、当たらぬも八卦、ヨーシ〟とばかりの応募であった。

ところが驚いたのなんの！　ファックスを送って夕食の買い物に出かけ帰ってきたら返信ファックス、ものの一時間もしないうちに、「ＯＫ、どうぞお越しください」との返答。それがデル・ビアンコファミリーとの付き合いの始まりになった。

デル・ビアンコ氏は、フィレンツェで五つのホテルからなるVIVA HOTELSのオーナー。ゆさゆさと大きな身体、あたりに響き渡る声で英語とイタリア語を同時に使いこなし、「今日は、ポーランド？　明後日はハンガリーかい？　もちろんＯＫ、喜んで行くとも！」。温かくて精力的。彼の興した異文化交流財団は、ベルリンの壁の崩壊を機に国交のない国の若者をフィレンツェに集め政治を超えた交流をしようという目的で始められた。今ではすっかり大きくなり世界中の国から若者や学者が集まって美術、服飾、都市計画、修復など研究テーマを決め交流している。

デル・ビアンコ氏は、「これはね、ぼくの使命だと思っているんだ」。このデル・ビアンコ氏の回りで青い目に金髪、すらりと美しく、静かに立ち働くのが妻のジョヴァンナだ。

「私がもの静か？　夫はあの調子でしょう、彼のそばにいたら口を挟む隙間なんてないのよー」。パドバの出身で、フィレンツェ大学の建築学部に学んだ。「彼も同じ学部の学生で、出会ったときから、将来は彼と一緒に仕事をやって行こうと決めていたの」

その通りとなり、ホテルの二〇〇人を超す従業員のお母さん的存在として、まとめ役をこなしている。

また夫妻は、一九九八年、先にもふれた、「ロムアルド・デル・ビアンコ異文化交流財団」を設立し、毎年冬に東欧諸国をはじめ、さまざまな国の若者たちがフィレンツェに集い、〝異なった文化を通してお互い交流し、理解し、世界平和を〟というスローガンのもと着手した。時には、東欧の国交のない国の若者どうしが研究テーマを決めてフィレンツェに集い、政治を超えて、心に響き合う時を過ごし、別れ際には涙を流して再会を約束する場面もあると聞いた。ジョヴァンナは、「とても感動的で、私にも忘れ得ぬ思い出となるわ」。

私もこの財団のお陰で京都のある大学の美術学部と国立フィレンツェ美術院との交流を目標に、二〇〇一年二月にまず、京都の大学からフィレンツェ訪問が決まり、スロバキア、ハンガリーなど数か国の若者と一緒に研修した。

「女として仕事をする上で問題はありますか？」

「それは全くないけれど……、イタリアは未だに都市国家の色合いが濃く、フィレンツェ出身の夫の家庭の風習とパドバ出身の私との間に違いを感ずる時があるわ、夫の母など、いまだに私を〝外国人〟みたいだと言うのよ」と苦笑い。イタリア独特の都市国家色デル・ビアンコファミリーにも波及せり。また仕事上でも、「フィレンツェ人は議論が好き、延々と口角泡を飛ばしてやり合い、さぞかし素晴らしい結果が出るかと思いきや何の変化もなし、閉口するときがあるわね」。自宅はフィレンツェのほんの少し郊外の丘の上にあり、家の南側のどの窓からもフィレンツェの街全体が見られる。

「フィレンツェの街の絵葉書は、今はミケランジェロ広場から撮影されるけれど、以前は、この庭から撮っていたのよ」。どのショットから撮っても絵になるその眺めの美しいこと。訪問したときは夕刻であったが、朝の陽光を浴びたフィレンツェ、うす曇りのフィレンツェ……、きっとそれぞれ格別の美しさだろう。

二三歳のカルロッタを頭に三人のお嬢さんの母。チェコの名誉領事を務めたり、フィレンツェに女性のロータリークラブを創設するなどあの静かさからは想像のできない活躍ぶり。「幸い夫は、私の行動には一切口出しをしない、私も仕事をしながら自分の世界を持つことは生きる上で必要不可欠だと思っている」

分刻みほどの忙しさでもちゃんと家庭の方を見ていて娘三人とも素直で躾が行き届き、食事時にはおしゃべりしながら見事なチームワークでクッキング&テーブルセッティング。近しい従業員たちも何人かが言う「絵にかいたような理想的なファミリーだわ」。最近は、パパそっくりの長女が財団のメンバーに加わり、後継者の育成もされている。ジョヴァンナは、気張らず、静かに自分の歩幅をキープして着実に歩んでいるよう見受けられた。

ゴエン

シエナ郊外の友人を訪ねるため、フィレンツェからバスでシエナに入る。友人に迎えに来てもらうまで、二〇分だけ時間があったので、その昔、一九七二年にシエナで夏期講習を受けたおり下宿をしたロマニョーリ家を突然尋ねることにした。シエナのきりっと冷たい空気を感じながら、懐かしさで矢も盾もたまらず街の中心のピアッツァ・デル・カンポを横切り、足が道順を記憶しているように動き出してしまった。夫は左官さん、妻はお手伝いさんだった夫婦で、狭い家なのに生活のために借りている家を又貸ししていて、一夏、私はその又貸しにのったわけだ。

ちょうど建物の表玄関が空いていたので侵入し、階段を上がってロマニョーリ家の呼び鈴を鳴らす。「だれ?」。ドアを開けてくれた奥さんのアルバは、見知らぬ東洋人が現れて、ドキッとした顔、すぐにでも勢いをつけてドアを閉めそうな気配。ちょっと待ってとあわてて、「私、昔ここにお世話になったアイコです」。「アヤコ！　あなたなのね！　まあ……」。昔からなぜかアイコと言えなかったアルバは、びっくり仰天して招き入れてくれた。一歩入ったら二七年前と同じ、トマトの少ないニンジンを刻み込んで煮込むスパゲッティソースの匂いが充満している。昔と同じように磨きこんだピカピカの台所、同じようにチリ一つなく磨き上げられた家具調度、そして不可なく年を重ねた夫婦。

アルバは、「コーヒー飲む？　ゆっくりしていってね、お昼食べていくでしょ？」。とにかくほんの少しの時間しかない、どれも私は辞退した。

夫のセスティリオは、昔と同じようにアルバに言われて行った買い物から帰ったところ、「あっそうだ、ホウレン草って言ってただろう。忘れたなあ、もう一回いってくらあ」。「ちょっと、ちょっと、パンももう少し買ってきてくれる？」。「よしっ、わかった」。

昔と全く同じ光景。マンマにお使いに出される子供のように元気にまた飛び出していった。「夫がね、あなたから日本の穴のあいたお金もらったでしょう？　穴に糸を通していつもいつもズボンのポケットに入れて持っていたのよ。それがついこの間からなくて、二人で探しているのよ」

五円玉のことだ！「何かいいことあるって言うわ」と一九七二年にあげたものだ。二七年間もこんなに大切にされ続けたのだからその五円玉もきっと幸せだったろうなあ。その言葉を聞きながら、ハンドバッグの中を探したが、残念ながらその日は日本円を全く持っていなかった。

昔は、八〇歳になんなんとするご主人のマンマが同居していた。いい人だったが、アルバにとってはお姑さん。アルバがお昼に仕事から帰ってくると、よくケンカをしていた。

時々は、いづらくなるほどの声と勢いだ。ケンカをすると食欲がなくなるのか、時間がなくなったのか、よくチーズとりんごとパンを軽く食べて、午後の仕事にまたそそくさと出て行っていた。塩味のチーズと、甘くて酸っぱいリンゴ、そして田舎風食パンは、とても相性がよく、また消化もいい。これは、後年わが息子どもにも伝授。

イタリアに来て、それもシエナに来て、わが家に来ないなんて、そんな理不尽なことはない。「家にはいつ来るの？　ほら、見て見て、あなたがいた部屋、今はベッドが二つ入ったわ。ご主人と二人で来てくれたらどんなにうれしいか、きっと来てね」。五円玉が大きなあたたかい風船のように膨らんで、わたしとアルバ夫婦を結んでいたのかも知れない。二七年間も変わらぬゴエンを結んでいてくれたのだから。

布バッグの細身さん

帰国の途につくためローマに向かおうとフィレンツェ駅に到着したときのこと。やはり！　列車は遅れていた。兄弟、姉妹よりも強い絆を感ずるくらいの友人たちとまた会えるにせよ別れ、荷物をまとめ、ほとんど時間ギリギリに気がせく思いで駅に到着したから、〝六五分遅れ〟の表示を見たときは、少なからず気落ちした。でもまあ何ともならないし、しょうがないか……と待合室に入る。

ちょっと見渡してから、下町の気のいいオバチャン風で、黒の布バッグを二つ持ち日本人のように小柄で細身、黒髪の女性の近くに腰をおろす。前の席にいるロザリオを握ったシスターと何やら親しげにしゃべっている。修道院で、このシスターたちの下働きをしているんだろうなと勝手に想像したりしていた。聞くとはなしに聞いていると二つバッグの細身さん、シスターに、「あんたさー、そんなに一生懸命ロザリオ握って祈ったって、あったかい昼ごはん恵んでくれたり、いいことがあったりするかい？」。思ったのと話が違うなあ。だいぶ前から、からまれているのか、不愉快そうにシスターは、しぶしぶぼそっと答える。「……じゃあ、試しに私の知り合いに電話してあげるから一緒に来なさいよ」。親しそうと見受けられたシスターとの会話が、ちょっと変だ。二人は席を立って行った。ほどなく、布バッグの細身さんだけが、プリプリ怒りふてくされた表情で戻って来て、待合室の四〇～五〇人の聴衆の前でまくし立てはじめた。

本や新聞を読んでいる人、考えごとをしているふりをしている人、制服のガードマン、どの人もちらっとは見るが、決して顔は上げない、まともに見ない。

私は、「さあ、イタリア庶民劇場の開幕だ」と見入ってしまう……。いわく、「まったくこの世は、神もお慈悲もあったものじゃない。私はね、ナポリの郊外に家庭があるんだけどさ、亭主がひどい野郎でね、逃げ出しているのさ。もう四年も前から家を出てるんだよ。

結婚以来暴力が絶えなくて、体中いつもあざだらけ、殴る蹴るなんて日常茶飯事さ。四年前のある日、いつものように些細なことからケンカになって、殴る蹴るが始まった。その日はこともあろうに、戸棚に隠し持っていたナイフを取り出して向かって来た。いくら私だってまだ死にたきゃないさ。とにかく身ひとつで、一目散に逃げ出したよ。それでもやり直せるかも知れないと思って、時々は帰ったさ。三回帰ったんだ。でもね、やっぱりまたナイフだろ、家にはいられないんだよ。仕事はやりたいよ、でもこのご時勢だしね、臨時雇いばかりしかないんだ。短かきゃ一日、長くて一〇日か一五日さ。寝るところがないから、駅に来て夜を過ごすのさ。今日はあのシスターが、寝るところを世話してくれるっていうから今電話しに行ったんだよ。先方さん留守で通じなかった。今夜はあったかいベッドで寝られるかと期待しちゃったんだから、ついてないよね。でもまだ、あきらめることあない、もう一度電話してみるさ」

この布バックの細身さん、毛糸の赤のマフラーに黒のオーバーコート、こざっぱりしているので、とても長期の駅逗留者とは、思われなかった。フィレンツェの駅の待合室には、何年も逗留していると思われる人が、ざっと見渡しても七、八人いた。あの二つバッグの細身さん、ベッドで寝られたかなあ。

二〇〇〇年秋イタリア統合教育

中学校見学

二〇〇〇年の晩秋名古屋空港を発って、フランクフルト経由でミラノに到着。通関後、マーラとジャンカルロ夫妻と熱き抱擁を交わすはずだった……が、一時間待っても現れない！　空港内の黒ジャンバー姿の呼び込みの男が何人も「シニョーラ、タクシー？　ホテル？」と執拗に近寄って来る。来ない……。二時間近く待って、小走りに夫妻は現れた。二人口を揃えて、「マッサから四時間半もかかっちゃったー」二時間少々あれば充分の距離を一時は一寸先も見えない大雨。イタリア気象台始まって以来の大雨で、道路は寸断され、迂回路につぐ迂回路、大渋滞のノロノロ運転で、夫妻は来てくれた。私は、〝降られ女〟だけれど、一〇〇年ぶりの大雨に降られた女とは、念入りもはなはだしいと、悲劇のヒロインのように悲嘆に暮れた。夫妻も当然疲労こんぱい。ところがそこはイタリア人、ジャンカルロが、車のトランクに私のスーツケースを積み込みながら「よく来たねえ」と言った途端からお腹を抱えて笑うジョークの連発に転換。悲劇のヒロイン気分はたったの三分間、疲れも吹っ飛び、雨もやみ青空になっていた。

イタリア！こういうところがたまらなく悦に入る。二日後の週明けから、二〇〇一年一〇月名古屋のデパートで開催予定の「イタリアの子供の絵画展」の作品収集準備の一環、マーラ指導の美術の授業を見学する為に、大理石の街、カラーラの公立中学校を訪れる。まず、訪問第一日目は校長先生にご挨拶。校長は、大きな目でギッと見て、「ボンジョルノ、えーっと、そうそう申請書は……あるある。受理しましたよ」。入ってもいいですよという意味だ。日本を発つ前、学校管理当局に許可申請書を送付してあった。校長は、五〇歳過ぎの堅そうな、味もそっけもない婦人。生徒数五七五人、二校が統合されたため広範囲から生徒が通って来ている。公共バスに揺られてくる子、親が車で送ってくる子、歩いてくる子など登校の仕方はさまざま。教員数六〇人、内四人は、教育心理学も修めたインセニャンテ・ディ・ソステーニョと呼ぶ障害児養護担当の教諭。

イタリアでは一九七一年に教育法一〇四条「いかなる障害を抱える子でも義務教育は均等に学ぶべき」との統合教育が法制化された。障害あるいは問題を抱える生徒には本人、父母、小児精神神経科医、教師、ソーシャルワーカー、言語療法士、また放課後に支える校外の補助教員など一〇人ほどが一堂に会し個人の性質、気質、家庭環境なども把握、認識し、次の三か月の個別カリキュラムを勘案する。状況によっては、個別に家庭を訪問することもある。この中学には、二五人の障害や問題を持つ生徒が在籍。自閉症、ダウン症、多動性、盲目、それに心の問題児、登校拒否、ドラッグや受刑中など親に重大な問題がある生徒、突然の肉親の死によって言葉が出なくなったり拒食症になった生徒など二五人それぞれだ。

障害あるいは、問題のある生徒のカリキュラム作成に際し、保護者の同意＝サインが必要だ。すなわち、自分の子供は現在問題があると認めることだ。親にとってはとてもつらい行為だ。知能テストなどで明確に問題が認められても、保護者が同意しなければ、学校側はプログラミングできない。時には、同意を得られない場合もあり学校側の第一関門であるという。今回、美術教師マーラ・アルベルティ（五三歳）の授業を一週間、延べ一八時間見学する機会を得た。

グラッツエッラ

見学をした中学校は、統合教育制度発足当時の校長が、障害児教育の研究者でもあったので、校長と教職員一丸となって新制度に取り組むことができた。三〇年の教師歴のあるマーラは言う。「校長の人柄と管理能力がすばらしかった。校長を中心にそれは、熱く語り合った。するとアイディアが次から次へと浮かび、それを提案し、話し合って実践していった。もちろん、試行錯誤の連続だったけれど、わくわくしてやっていたわ。そういう時は成果も上がるものなのよね」

それぞれ違う障害がある生徒が、美術、ダンス、スポーツなどの分野で、地方のみならず、全国レベルのコンクールあるいは、競技会で入賞することができた。このためテネラーニ・カルドゥッチ中学校は、法改正後の校長の時代二〇年ほど、イタリア中から時にはヨーロッパ各地からも視察、見学者が訪れる統合教育のモデル校的役割を担っていた。コンクールあるいは競技会入賞は、障害者とその家族に元気と自信を与えたという。その当時の生徒の一人、ダウン症のグラッツエッラを訪問する機会をつくってくれた。マーラ流の、思い立ったら即行動パターン。前触れなしの突然の訪問だったがマーラ先生を見たグラッツエッラは大喜び。好物のドライフルーツ入りのパンを作るためパン生地をこねている最中だった。彼女は粉だらけのまま、全身で喜びを表し、マーラに飛びついてきた。二八歳と聞いていたが、身長一五〇センチくらい、黒髪のオカッパ頭、ダウン症特有のあどけなさで、とてもその年齢には見えなかった。

中学二年生の時、マーラ先生の指導によって国の公募展、絵画部門で、第二位に入賞した。グラッツエッラには、その時の入賞が、一六年後の今でも心の支え、元気の素となっているようで、私に表彰式の写真を引っ張り出してきて見せ、昨日のことのように目を輝かせ、体を乗り出し、一語一語に力をこめて説明してくれた。家族は、以前、大理石採掘の仕事をしていた六七歳の父と、リウマチでほとんど動けない母、そして現在職のない三七歳のお姉さんの四人。一〇〇〇年以上前に立てられた窓の小さい、薄暗い石の家に住んでいる。台所に灯っている白熱灯のあかりと、彼女の屈託のない笑顔が、懐かしさを伴った温もりというハーモニーとなって家の中に漂っている。暗くなりがちな家族にとって彼女に障害があることが、この家族に必要だったんじゃないかと思われるほど、キラキラとしたあたたかさをふりまいていた。グラッツエッラは、マーラの腕を引っ張りながら得意げに、「ねえねえ、私の作るパンを食べてってね」と言ってくれた。

帰途マーラは、「貧しいけれど、いい家族なのよ。グラッツエッラは、家族にとても愛されて育ったの。だからあんなに温かくて明るいのよね。彼女に会うと私も心が温まる。従来私は、ランク付けをするコンクールということは、あまり賛成じゃない。中学生くらいの年齢で、コンクールという名のランク付けに挑戦することは、テクニック優先となり、表現を型にはめ込むようで年齢的に早過ぎ、創造性を伸ばすために弊害になると思われる、慎重に対処すべきであると思っているの。でも障害がある子供には別の意味があるのね。私は、美術をテクニック優先で指導しない。生徒と語り合って表出してくるその子にしかない精神の発露のようなものを大切にしたいし、そうしてきた。個々の発露を認識して、色や形で表現していくように指導しているのよ。一枚の絵の中に描いた本人の精神の発露とドラマが表現されなければならない。グラッツエッラは、私の指導にちゃんと答えて出品し、その結果入賞した。決して始めに〝コンクールありき〟ではないのよ。グラッツエッラの入賞は、大きな喜びとなって本人にも家族にも、生きる元気のようなものを与えた。そして、私にも統合教育の教師としての自信を与えてくれたわ」

マルティーナ

校門には、制服姿のガードマンが二人、それは眼光鋭く来訪者をチェックしている。校内に入ると、日本の昔の校番さんのようなおじさん、おばさんが三〜四人、生徒の動向を見守りつつ、先生にクラス名簿を手渡したり、生徒に親が届けた忘れ物などを配布したりしている。教師は、朝礼や会議も何もなし、担当の授業時間に合わせて出勤すればよし。学級定員は二五人で、美術の授業は、週一回九〇分間。マーラ先生授業見学の第一時間目は、中学二年生のクラス。生徒数一三人、うち一人は多動性の障害があるマルティーナ。四、五人の生徒が、マルティーナを取り囲んで、ゆっくりと誘導しながら一階のホームルームから別棟の三階の美術室まで連れて来た。マルティーナは、身長一六〇センチくらいでがっしりした体格、肩までの金髪に、嬉しくて仕様がないようにせわしなく動くブルーグレーの目。

今日は肌色の違う東洋のおばさんが来ているので、物珍しいのか歓迎してくれたのか、何度も私にウインクして、一番前に腰掛けた。マーラ先生は、「アラッ、今日は一番前に陣取ったじゃない！」そして私に「前の席に座ったことなんかないのに、あなたに興味津々なのね」とほほ笑みながらマルティーナを見やり、耳打ちする。マルティーナは、みんな聞こえたかのようにニッと笑った。ほどなく年の頃四〇歳くらい、鼻の下に立派なお髭をたくわえた介護教諭のロベルト先生が、〝マルティーナ用具一式〟を脇に現れ、マルティーナの横に腰掛けた。

まず、信号機が描いてある四つ切りサイズの厚紙二枚を机の上に立て掛けた。一枚は、信号機に赤だけ色が塗ってあり、もう一枚は緑だけ塗ってある。「マルティーナ、これは何だい？」「信号機」「緑は進め、赤は？」「ススメ」「違うだろう、止まれだよ」信号機の赤色と緑色で、やっていいことと、いけないことの約束になっている。ロベルト先生の話中もあっちを見たり、こっちを触ったり、一時もじっとしていない。いたずら盛りの子ヒョウのように、面白いことならいつでもどこにでも飛びかかっていく身構え。立ち上がってチョークを取りに行こうとしたマルティーナにロベルト先生は、信号機を見せて、「ほら、なに色？」マルティーナ、「緑！」「違うだろ、よく見てごらん？」「赤ッ」「赤は止まれだろ？」「ウン」こぼれんばかりの笑顔を私に向けながら、ツカツカと握手を求めにやってきた。「痛いっ!?」すごい力で握り締められた。ロベルト先生が、緊張を漂わせて立ち上がり、マルティーナの腕をつかむ。痛かったけれど挨拶の握手だし、何故ロベルト先生が腕をつかみに……と思っていると、今のような彼女の突然の動きでロベルト先生は二回、もう一人の女性養護教諭は一回、鼻の骨を折ったということだった。マルティーナ用具の中のお気に入りの絵本を一～二ページ見たかと思うと「おしっこ！」。トイレにもロベルト先生はついて行く。私も（！）ついて行った。トイレをすませると美術室に戻らず音楽室に飛び込んで、ピアノを両手でバタバタたたく。それもつかの間、準備室に駆け込んで行って、得意そうに並んでいる植木鉢を私に見せてくれる。

ロベルト先生が、「これはマルティーナが、植えたんだよな?」「ウン」鼻がピクンと動いた。ものの一〇秒もしないうち教室に戻って、今度はクラスメートにあちこちちょっかいを出す。すかさずロベルト先生は、赤信号を見せる。九〇分の授業中、そんなことの繰り返し。クラスメートは、いやな顔もせず、怒りもせず「しちゃあいけないのよ」と言ったりして、上手にかわしながら、マーラ先生の説明に従って創作をしている。マルティーナは、「ウン」とても素直に一応はやめる。授業終了後、クラスメート四、五人で来たときと同じように、彼女を取り囲み誘導しながら別棟の一階のホームルームに戻って行った。糸を引くような仲間のあたたかさが漂っていた。

メレンダ

通常、授業一時間目は、八時三〇分に始まる。生徒たちは八時頃から色も形も大きさもそれぞれまちまちのカバンを肩に掛けたり、背負ったりして校門をくぐって来る。問題でもあったのか、それとも病気上がりか、ママに校門の前で心配そうにいつまでも見送られている子、パパにチュッチュッとキスをして、まっすぐ教室に駆け込んでいく子。妹が「お姉ちゃんと一緒に学校に行きたーい」と泣いて追いすがっている光景も見られる。見学したテネラーニ・カルドゥッチ中学は、制服がなく、各自好きな服装だ。ぴったりのジーンズに高級ブランドの靴の女の子、質のいいセーターでシックにまとめている子、中世のフレスコ画から抜け出したようにふんわりカールした金髪にブルーグリーンの目、スタイルの良い体にすっきりしたワンピースの子。整髪料で髪形をガッチリ決め、鼻や耳にピアスをいくつも並べてしている男の子。目が合うと、もじもじしてうつむいてしまうセーターの男の子。私の後ろで、きつね目のまねをする子。お寺でお参りするように手を合わせ頭を下げ丁寧にお辞儀をしてくれる子……。どこの国でも子供は子供みなそれぞれに可愛い。中学生でも見るからに〝おんな〟という感じの生徒も何人かいる。そんなおんなの生徒が、お化粧したりしていると「中学生、ホント?」と、疑問に思ったりするが、話し出すと舌足らずで、意外とあどけなかったりする。一時間目がおわり、九時三〇分になると三〇分の休憩があってそれぞれ自分の持ってきたおやつを食べる。紙袋に入ったパニーニや、塩パン、ほんのわずかに甘さのあるブリオッシュなど、各自好きなものを持ってきている。教室から教室へ、廊下から廊下へ、校庭までも走り回って食べる。そのお行儀の悪いこと。ジュースを持っている子など生徒同士がぶつかってこぼすんじゃないかと、見ている私がハラハラ。

ほほ笑みながら、なんとなく私の近くに寄って来て食べている子に、「それは何？　美味しそうねえ」などと言おうものなら、待ってました！　とばかりに、一斉に四本も五本も手が伸びてくる。自分たちがかぶりついた所そのままを私の口元まで、時には唇に触れるまで、われ先にと、差し出してくれる。かぶりついた所のシメリ気、ひんやりとした水分が触れる。私が、「美味しい？」と、たずねてそれに答えてくれたのだから、いただかないわけにはいかない。困ったと思ったけれど、にっこり笑って、湿り気の所をいただく。……おいしかった、トテモ。

イタリアでは、大体どこの家庭も朝食は、カフェラッテとクッキーくらいで済ませ、〝朝ごはん〟というものを食べないで学校に来る。授業が八時三〇分から午後一時まで。三々五々帰宅をしてからの昼食なので午後二時くらいになってしまう。朝七時くらいから、二時までほとんど食べないなんて時間があき過ぎる。昼食も夕食も二時間くらいかけて、パスタに始まって、メイン料理、サラダ、フルーツ、木の実、チーズ、ドルチェとしっかり食べる家庭が多いから持つのかなあ……。日に二度、しっかりと食べているイタリアの子供達は、朝食がカフェラッテと数枚のビスケットでもおなかが空かないのかなあと長い間、大きな疑問となっていた。ここにきてやっと疑問が解けた。学校でメレンダ（おやつ）の習慣があるのだ。

日本でも児童、生徒が、寝坊とか親に作ってもらえないなどの家庭の事情で、朝ごはんを食べないで登校し、授業中集中できない子が多いと聞いている。一時社会問題化するほど子供の朝食抜き問題が報道されていた。イタリアのようなメレンダの習慣ができれば、本人はもとより、先生も親も落ち着けるのではないかと思えた。「腹が減っては戦ができぬ」と、お侍さんも言ったことだし、固いこと言わずに日本でも、育ち盛りにはこのメレンダの習慣をとりいれたらいいと思ったことだ。

落第生

イタリアの義務教育は、小学校が六歳から五年間、中学は一一歳から三年間の計八年となっている。日本でも少子化問題が叫ばれるようになってから二〇年以上、久しいことであるが、イタリアはそれよりずっと早くから急速に少子化傾向があり、歯止めがかからず社会問題となっている。私の友人を見回しても子供を持たない夫婦が何組かいる。あとはほとんど一人っ子。中に別格的な子持ちの二組の夫婦がいて、「四人子持ち、五人子持ちの友人がいるのよ」とイタリア人に話すと、「それは素晴らしい！　彼らは国に貢献している、立派な友人を持ったものだ！」と、国民栄誉賞的に褒めたたえ、そんな友人を持つ私まで、勲三等賞もののように持ち上げられ、全身がくすぐったくなるような思いをしたことがある。

こんな具合の急速な少子化となってもイタリア教育省は、教育予算の削減をせず、学級定員を二五名とし、一学級一名の担任制度から二学級に三人の担任制度へと増員して、教育の質の向上をはかっている。また障害のある生徒のいるクラスでは、定員二〇名とし、二一人になると二クラスに分けられ、担任以外に養護教諭が障害者を持つ子どもたちに配されている。

酷なことに！　イタリアには、小学校にも中学校にも卒業時に面接と筆記の二つからなる〝習熟度テスト〟と呼ばれる卒業認定試験制度があり、それに合格しないと「ハイ、もう一度勉強いたしましょう」となってしまう。卒業認定試験がうまく行かなかった落第生が、クラスに一人くらいいたりする。その日私は、二年生の美術授業で絵画の創作中、生徒の席の間をぬって作品を見て回っていた。授業はとっくに始まっているのに、体も大きく雰囲気も大人びていて、うっすらと髭のはえた男の子がバッグを肩に掛け、のっそり入って来た。「先生……こんにちはぁ」と、遅れたことを悪びれもせず変声期特有の声でマーラ先生に挨拶し、自分の席に着き、ゆっくりとカバンから絵画帳、ペンなどを取り出し授業の用意をしている。私は、皆の絵を見ながらその大きな男の子に話しかけた。「あなた、随分と大きいわねえ」と、すっとんきょうに、「俺っ？　もう一五歳っすよ。あったまが、わりーんだよ。落第しちゃったんだ」。ほかのクラスメートが、横から大きな声で間髪を入れず「しかも二回!!」。

授業後マーラは、「彼は父親の仕事の関係で、年単位ならまだしも時には、二～三か月単位の転居があり、勉強ができる環境じゃなかった」。

「でも、落第させて効果はあるのかしら？」

「どの落第生もほとんど効果はないわ。でも人間生きていく上で、最低限の読み書きと加減乗除くらいの計算は必要よね。いわば、義務教育のなかの基本中の基本だから、せめてそれだけでも身につけさせたい、いや身につけさせなければならないという方針でね。私にとっては残念なことだけれど、美術の授業は、〝なんの足しにもなりゃしない〟と考える生徒や親が多いのよ。だから美術を通して、物の見方、考え方、温もり、寂しさ、辛さなど、自分の心の襞《ひだ》のようなものを感じさせるようにしているのよ」

別のクラスでは、お父さんが服役中のため、弟妹の面倒をみたり家事をする必要があって、学校にほとんど来られない男の子の落第生がいた。でも、本人たちは、恥じる風もなく、大らかで案外堂々と落第生をやっているように見える。クラスメートも「しかも二回！」などと、ヒドーイ突っ込みを入れながら結構良い仲間をやっている。考えてみれば、人生八〇年の時代、二度や三度の落第なんて別段どうってことないのかもしれない……。

統合教育～障害児と一緒に学ぶこと～

おらが中学校に、東洋人のおばさんが唐突にあらわれたので、生徒たちは大きな目をさらにクリクリさせている。マーラ先生が各クラスに、「この人は、わたしの三〇年来の友人で……もちろん皆さんは、影も形もなかったわよね。日本からはるばる皆さんの授業風景を見にいらしたのよ」と、丁寧に紹介してくれた。このお陰で、皆一応礼を尽くしてくれ、直接ジロジロと失礼な見方はしない。興味津々なのか、おどけて近付いてポケモン！タマゴッチ！　スモウ！　クロオビ！　ケレテ（からて）！　と叫んだりしてかわいい歓迎の檄を飛ばしてくれる。そう、あのサッカーのナカータ！　もあった。間髪を入れず、「いいや、私は、イシカワじゃ！」と言ってみたらなぜか皆ウンウンとうなずく!?　マーラに「クラスで何かしてくれる?」と言われていたので、サッカーもポケモンも知らない私は、美術の授業だから「筆でいこう！」と思い立ち、黒板に水で、自分の名前を漢字、平仮名、カタカナの三種類で書いてみる。男の子は、「ワーオッ！」女の子は、「キレイ！」と歓声があがる。右上から下に書くし、線に強弱ができるので本格的でなくてもゲイジュツ的に見えるのだ。「わたしの名前はアイコ、アモーレっていう意味よ」。また「ワーオッ！」と「キレイ！」。アモーレは、イタリア人の一番大切な言葉。すぐさま覚えてくれ、放課後、三階の窓から四〜五人一緒に、「アモーレ！」と大きな声で呼ばれた時は、びっくりした。

クラス全員の名前を各自のノートに平仮名、カタカナの二通りか、書ける子には漢字を加えて三通り書いてあげる。中には、「お願いだから、パパとママと妹とおばあちゃんのも書いて！」と懇願する子もいたりする。パオラは、漢字でどう書くの？　アレッサンドロは？　これは書けないが、ヴィットリオは勝利、マルゲリータは菊子など、意味のある名前の人にはそのまま訳し、音が漢字に当てはめられるアンナは安奈などと書いてみる。後日、町で会った生徒のママに、「あなたが、日本からのお客様なのね。息子が家に帰ってすぐノートを見せてくれましたよ」と声をかけられた。

名古屋のデパートで開催予定の「イタリアの子供の絵画展」準備が目的で、中学校を訪問したのだが、予期せぬ嬉しいできごとに遭遇！　イタリアが、障害児と共に学ぶ統合教育先進国だったのだ。一九七一年に制定された教育法一〇四条、「いかなる障害児でも義務教育期間中は、均等に学ぶべき」。その基本理念によって、特殊学校はすべて廃校となり統合教育が始まった。四〇年以上になんなんとする年月は、誰もが納得する立派な〝歴史〟となった。私が会った中学生の両親達も子供のころから障害児とクラスを共にし、労り合うことを体得してきている。両親たちは、自分の子供が、障害がある子どもたちと一緒に学ぶことに対して協力的ではあっても文句や苦情は、全く出ないのだそうだ。イタリア人は、男三人寄れば、口角泡を飛ばして政治談義が勃発する。そのほとんどすべてが批判めいていているけれど、この統合教育については一度もけなす言葉を聞かなかった。誰に聞いても皆一様に「いいことだ、当然のことだ」と言った。

苦情の出ない体制作りをしたイタリア教育省に感服！ということか。私は、自宅の近くに養護学校ができたときから仕事場で「Poco a Poco（すこしずつ）」という名称の障害者のサークルを作っていた。お母様方より、「学べなくてもいい、健常児と一緒に過ごせる時間を作ってやりたい」という切なる願いを何度も聞いて来た。しかし、日本の現状、四〇人学級に担任一人の制度では、とても無理なことだと思っていた。時代的傾向でストレスを抱えた問題児が多い中、さらに実際手のかかる障害児が一緒になっては、クラスが成り立たず、それこそ収拾がつかなくなってしまうと思っていた。

友人の紹介で、幼児学校の養護教諭、アレッサンドラ・フォルサーニ（三二歳）と公園で会うことを約束した。細身で美しく、優しい雰囲気の人で、三歳のお嬢ちゃんと六か月の坊やをベビーカーに乗せ、子供達のお気に入りの遊び道具をいくつか持ってほほ笑みながら現れる。子供を遊ばせながら、養護教諭歴一〇年ほどになる彼女の〝障害児と一緒に学ぶクラス〟の話を丁寧に語ってくれた。

「教職について間もなくの頃、知的障害があり肉体的な発育も遅れている重度障害の四歳になるシモーナがお父さんに抱かれて入ってきたの。私とシモーナとの関係がとてもうまく行ったのね、既に七年、一一歳になった今も私のところに通ってきているのよ」

「えっ、幼児学校に？」

「義務教育期間は、両親が望めば、小学校や中学校に進学して行かなくても自分に合った所にとどまれるの。シモーナは、両親の希望があって、そのまま幼児学級に通うことを認められたのよ」

なんと柔軟な考え方だろう。

「私の勤めている幼児学校では、現在三人の障害児がいて、養護教諭二人でケアしている。指導法については、両親、主治医、教師、教育心理学者、ソーシャルワーカーが一堂に会して、少なくとも年四回話し合って決めて行くの」

なーるほど、ただ単に、小クラス制の中で一緒に学んでいるだけではないんだ。どんな重度の障害児でも一個人として尊重するという徹底した姿勢、加えて、学問的理論の裏打ち。手厚い指導法が実践されている。

アレッサンドラは、重度障害児のシモーネを両親と各専門家を交えた会議の結果、七年間も担当を依頼されているのだから養護教諭としての自信もつき、喜びを伴って教育に当たれるのだろう。

「抱きかかえられて来る子や、車椅子に何分間も掛けていられない子は、養護室で教えるの。一時もじっとしていられない多動性の子は、教室の出入りも自由なのよ。偏見も差別意識もない、真っ白の心の幼児期だから、みんな障害児を〝ありのまま〟として受け入れていくの。同じ四歳の子が、ヨダレをふいてあげたり、じっと抱っこしてあげたり、撫でてあげたり、寄り添ってあげたりするのよ。自分がママやパパからされて、一番が気持ちの良いことを自然にやっているのよね」

……話の場面を思い描きながら聞いているうち、どの子も持っているであろう天性の優しさという名の感性に胸がつまった。その感性も障害がある子供がいればこそ現れ出たのだ。

「障害児にとって学校は、とっても心地よい場所になっているから、体調が悪かったり、気分が悪そうな時でも、教室に入るとみるみる表情が明るくなっていくのよ。マジックにかかったように変わるわよ。本当にどちらにとっても素晴らしいこととしか、言いようがない。是非見せて差し上げたい」

次回は、訪ねよう。

「一九七一年にイタリアで統合教育が開始されたことは、ヨーロッパのなかでも最も進んだことだったのよ。でも一つ大きな過ちがあったの。統合教育開始と同時にすべての養護学校は、廃校となったでしょ。そこで働いていた教師も全員教職を失い、違う畑の仕事に就いていった。イタリア中から特殊教育の現役教師がいなくなってしまったの。試行錯誤で教育に当たるしかなく、いわば、全く下地がないまま統合教育に突入してしまったのよね」

「でもなぜ残さなかったのかしら?」と尋ねると、アレッサンドラは、ワッカリマセンと言うように、肩をすくめて、「そこが問題なのよ、何せイタリア政府のやることだから!」。

※補足：二〇〇〇年当時の見聞をもとにしてあります。

ルルド巡礼と信仰

二〇〇〇年の頃、出口の見えない苦悩を抱えていた。ある朝鏡を見てびっくり、円形脱毛症になっていた。なんとか精神を立て直さねばと朝五時くらいに静かに家を出て人気のない公園を歩いてみたり、車で三〇分くらいの距離にあるカトリック修道院の早朝ミサに座し、沼の中に沈み込んでしまったようなハートを少しでも引き上げたいともがいていた。

二〇〇二年五月イタリアに滞在。一九九八年から行っていた日伊交流の一環で、イタリア人ステンドグラス作家と日本で行う作品展に出展する作品選び、二つの大学で行う「ステンドグラスの歴史と美」講演会の打ち合わせ、またイタリアの子供たちの絵画展も同時期に名古屋のデパートの協力で行うことになっていた。どれも慎重を要する案件で時間もかかることばかりだった。

持つべきものは友！学校側との打ち合わせや、取り決めは、その旧友の強力な助けがあって順調に運び時間がとれた。それではと念願の「ルルド巡礼」の予約を取った。ミラノの旅行社が近県から四〇人ほど募り、ミラノを出発し、ミラノに帰る一週間のバスツアーだ。旅程は、二〇〇二年五月二六日、ミラノ出発、二六日グラッセ泊、二七日カルカッソン泊、二八日～三〇日ルルド泊、三一日ニーム泊、六月一日夕刻ミラノ着。

なぜルルド？　ルルドで〝奇跡〟が起きた日本人の知人の話を聞いていたからだった。

その一。四人家族の大黒柱氏が心臓病で倒れ一年間の休職をし、入院加療をしたが重篤で一年の休職では治癒しなかった。二年目の休職を職場に頼み込んだが回答はなんと解雇。その家族には、それ以前にスポーツ万能の長男が事故に遭い、下半身不随の車椅子生活となっていてまさに真っ暗やみのどん底だった。カトリックの信者であったこの四人家族は、当然その時期、金銭的にもひっ迫していたが、「ルルドに行こう！」と決意した。職もなく重病人が二人いて家族全員でルルドに行く！　この考えもぶっ飛んでいるが……。出発のまさにその朝、七年も前に若い音楽家に留学援助のために五〇万円を貸してあった。貸した時から戻ってくることを期待していなかったが、それが前触れもなく戻ってきたのだ。どん底から既に少し浮揚したか……。家族は大喜びし、大助かりで旅立った。

ルルド到着の三日目に宿泊所からルルドの中央大聖堂に向かう途中、車椅子の息子の足先がピクリと動いた。家族一同「……」。言葉もなかった。その日から彼は徐々に自力で歩けるようになった。

帰国後、大黒柱氏の心臓病の定期検査が行われた。検査が終わったのに医者は検査の結果を告げず、別室で医者同士長いこと議論している。大黒柱氏は、「悪化したのか……」と息を詰める思いで返答を待った。ドクターは、「検査の器具がうまく働かなかった可能性があるかもしれません。もう一度検査をします」。彼は、その言葉に従い再検査を受けた。結果は何の問題もなし!! 家族一同は大喜び、ドクターは頭を抱え込み、「どういうこと!?」。時が過ぎつつ、スポーツ万能少年はどんどん元気になり車椅子は無用の長物となった。大黒柱氏も完治! 薬も要らなくなり、勤務先は変わったが仕事に復帰し空白を埋めるかのごとく大活躍中だ。

その二。山口県に旧友が住んでいた。彼女を尋ねて二日目、「ルルドって知っていますか。誤解を生みそうで誰にでもお話しできることでないけれど……」と前置きし語りはじめた。

「旧知のカトリック系の大学の学長に偶然会った時、『今度ルルドに行きますが、ご一緒にいかがですか?』と誘われ、人の噂ほどルルドを信ずるわけでもないけれど、折角のお誘いですから参加します」と返事したの。ルルドでは、聖水の中に沐浴する経験もしましたが実際のところどんな難病の人が入ったか解らないバスタブを洗いもせず、水を取り換えもせず沐浴することはすごくためらいました。が、周りから「はるばる来たのだから」と強く勧められ、それこそエイヤッ!と入水したのです。

彼女は、熱心なカトリックの信者ではあったが、奇跡を信ずるタイプではなかった。三〇年以上前からリウマチの持病があった彼女は、帰国後定期検診に行った。検査結果を見たドクターはやはり言いにくそうに、「ウーン……。何かの間違いかもしれませんが、すべての数値がネガティヴになっています」。すぐその場では信じ難く、何日も考えた末、「やはりこれはルルドの奇跡が私にも起きたんだと思いました」。それ以来五年以上になるけれど薬も治療も何も要らなくなった。

申し込んだ巡礼の旅には、六〇歳くらいの白いお髭のパルミーノ神父が、添乗員兼案内人として、篤い信者ばかりのイタリア人三八人の中に信仰を持たない日本人の私に気を配りながら引率してくれた。ルルドに着くまで道中の教会で四度もミサを立てモチベーションをいやがうえにも上げていく。

彼はルルドに到着して、マリア像が見える距離に着くと第一声「私は、既に七回ルルドに来ましたが毎回同じ感動が込み上げてきます」と嗚咽で言葉が詰まり涙が頬を伝っていた。信仰の篤い人ばかりの集まりなので、五回、六回来ている人、トリノから参加した八〇歳と六三歳の婦人は、「ルルドだけは、毎年来ていますよ」。

ルルドでは、ホテルでも、大教会への道すがらでもイタリア語が飛び交い、土産物屋もイタリア人の経営者あるいは店員がいて、フランスにいるとは思えないほどだった。現在ルルドは、ローマ法王庁の公認の最大聖地となり、毎日何便も飛行機が発着し、熱心な信者はもちろん、車椅子の人、重篤でストレッチャーに横になり点滴や、酸素吸入器を携帯している人が大勢訪れている。中央大教会では毎日何度もミサが立てられ、私の出席したミサの最中、ほんの数メートル先で若い娘さんが息を引き取り、点滴と酸素吸入器が取り外され静かに退席する場面にも遭遇した。付き添った人は言う。

「ルルドにたどりつけたこと自体が奇跡だった。彼女は幸せに天に召された」

学生時代、「信仰なんか！」と言っていたエミリア地方の友人が、毎週ミサに通うようになり、教会の主導するボランティアに精を出し、日ごろの生活もその教えに基づいて過ごしている。「全く宗教心などありはしないよ！」と公言して憚らなかったトスカーナの友人は食卓で、家族全員手をつなぎ（私も！）軽く頭を下げて、「本日のこの糧を与えていただいたことに感謝します。アーメン」と唱和した時は、不謹慎ながら彼の顔をのぞき見した。まあ何とも神妙な面持ちだった。さすがカトリック総本山の国、みな家庭を持ち、子供の躾のためにも時間と共に感化されていくのかと驚いた。人口の九七パーセントがカトリック教徒と聞く。

私はと言えば、大変佛縁の深い家に生まれ育ち、何でも「まずは、仏様に」の生活が時間と共に溶け崩れていって、いまや形骸化し儀式にのみ終始している。一族郎党熱心なカトリック信者のフィレンツェ人に信仰はあるかと聞かれ、「倫理感や生きるための指針として宗教書は読むが信仰はない」と言うと、「宗教を持たない人間なんて信じられないよ！」とまで言い放った。信仰があるということは生きていく上で大そう楽ではないか。教義に従う、あるいは教義に法ることは、支えがあって羨ましい、苦悩のど真ん中にいた時は心底思った。

旅行中、道中でもホテルでも昼食も夕食もフルコースで料理が供された。出発前から食は気にはなっていたが、観光旅行ではなくましてやグルメツアーではない〝巡礼〟なので、「いけない、いけない。何が供されてもおとなしくいただこう」と少し自分を諌《いさ》めていた。にも関わらず、どこでも地元産の材料を使い、気合いの入った美味な料理ばかりだった。にも関わらず！イタリア人は、口に合わないものは丁寧な言葉使いではあるが、問答無用の口調で取り換えさせる。肉の焼き方、魚の種類、サラダの野菜の取り合わせ、チーズ、何でも気に入らなければ取り換えさせてしまうのだ。ウェイターもイタリア人の文句には慣れたものらしくいやな顔一つせず、「はい、承知いたしました」とテーブルと厨房を何度も行き来している。

何しろ巡礼ツアーだし、ある程度は貧に甘んじても良いのになあと思ったほどだ。初めの一人二人の内は供する方に不手際があったのかと思っていたが、人数が増す度びっくりした。しかしながら「さすがイタリア人!!」と変に納得。日本のお遍路さんの姿が何度も頭をよぎり、食べたことはないが昔聞いた「干し飯をポケットに入れてぽりぽり食べる」イメージからイタリア人の食への飽くなき欲求に恐れ入った。

このパックツアーは、一般的な水準からみると高額だったらしく、「一緒に行かない？」と誘った熱心な信者のイタリア人も「高すぎるから行かれない」と言っていたから、もしかしたら文句も値段の内だったのかも……。

旅を終えて、聖水を浴びるほど飲み、冷たーい沐浴も勇気を出してやったが、残念ながら、私には奇跡は起こらなかった。だが、しかし友人は、「ルルドに行ったからその程度で済んだのよ、行かなかったらもっと深い淵に落ち込んでいたかも……」。そうだ、そう思おう。

ピレネー山脈の中腹に位置したルルドは、マリアの出現とお告げによって聖水が湧くまでは、羊飼いを生業とし、大変に貧しい村だった。
マリア出現と聖水のおかげで世界中から巡礼者が集まり一大聖地となった。結局……一番大きい御利益があったのは、ルルドの村!?ではないかと真剣に思った。

ルルド・注

一八五八年、ルルドの村の一四歳の少女ベルナデッタは、洞窟の近くで薪拾いをしていると洞窟に青いベルトをした神々しい高貴な婦人が現れた。そして「ここを掘りなさい。素晴らしい水が出ますよ」。ベルナデッタは、村の神父の家に駆け込んだ。神父は、話は聞いてくれたが取り合ってくれなかった。一〇回以上高貴な婦人を見たのちベルナデッタは「高貴な婦人」の言った場所を掘りはじめた。すると婦人が言ったように清らかな水がこんこんと湧きだし始めた。その水で不治の病を患っていた人や怪我人が治癒し、噂はたちまち広がっていった。フランス南西部ピレネー山脈の麓に位置する。

フィレンツェ青春第二楽章

ピエロの死

二〇〇八年夏、ある朝メールをチェックしたら久しぶりにパオラからメール。タイトルは、「悪いニュース」。

「えっ、脳血栓で倒れ、後遺症で右半身と言語が不自由になったマルゲリータに何かあったのか……」、どきどきっとした。緊張して開く。「最愛のピエロが半年間、肺癌の闘病生活を送り亡くなった。友達で一番初めにあなたに知らせる……」

パオラの夫ピエロが亡くなったのだ。まだ六五歳、生まれ育ったサルデーニャ島の海と空をこよなく愛し、潜水が得意だった。ちょっと早口で、何にでも一家言あり、身の回りのものに敏感で繊細だった。あまりしゃべらない人だったけれど、下手なことを言うと突っ込まれそうで一緒にいるときは、ほんの少し身構えた。薬剤師のピエロは、サルデーニャの大学卒業と同時にフィレンツェで二年間の兵役義務に携わり、それ以降も薬剤師をしながらずっとフィレンツェの同じアパートに暮らしていた。間取りは、玄関ロビー、二〇畳強のリビングダイニング&キッチン、一〇畳くらいの寝室、六畳くらいの小部屋、バスルーム。部屋にはアンティーク調の落ち着いた家具が〝そこしかない!〟と感ずる的確さで置かれ、家の中はいつもスッキリ片付いていた。そのアパートで、夫妻が招いてくれて食事をしたり、三人でフィレンツェの街を散策したり彼の好きな骨董屋をのぞいたり……。

また、ピエロがサルデーニャ島に行っているときは、パオラと二人、夜遅くまで語り合った思い出の場所でもあった。パオラは彼の死後つらく寂しくて「チャオだけでもいいからメール書いて」と言っていたので、折に触れて夫や孫のこと、部屋の模様替えなど他愛ないことを書き送っていた。

一九七一年~七三年にフィレンツェで学生として暮らして以来、いつかもう一度フィレンツェで生活できたらいいなあ、旧友と再会し、望外ともいえる日伊文化交流に関わって以来ほとんど毎日、「トスカーナにもう一度住みたい、二年間フィレンツェ生活を送りたい」と、心でも口でも叫んでいた。駄目でもともと、いや他愛のないメールの延長線上風にパオラに訊ねてみる。

「フィレンツェのあの家はどうなっているの、貸す気はない?」。しばらく返事がなく、一〇日くらい後に、「フィレンツェの家を他人に貸そうと考えたことは一度もなかった。ピエロと私の棲家に他人が出入りするなんて想像もできなかった。でもあなたになら貸してもいい」。

…どうしよう…、永い年月の夢が実現してしまう！　もしかしたらイタリア生活が始まってしまう!?と、三日間くらい何をしている時も体の芯が小刻みに震えている心地だった。四日目からは、今までの胸のつかえがゆっくりと落ちていき、穏やかな気分となっていくのがわかった。よーし、実現できると。

とりあえず、二〇〇八年一一月から二年間借りることに話がまとまった。半月以上経った今は、すっかり、「私のアパルタメント！」となっている。フィレンツェの駅のすぐそば、ずっと前から知っているアパートに青春第二楽章の居が定まった。一九四五年酉年生まれのフィレンツェ青春第二楽章。

やっぱり……

さあ、フィレンツェ青春第二楽章だ！と、家を二〇〇八年一一月五日の朝出発し、名古屋—東京—成田—ローマ—フィレンツェと乗り換えながら八時間の時差はあるものの同日内には「我がアパルタメント」に着くはずだった。「イタリアに行くならアリタリアでなきゃあ」と、旅行会社の杞憂も跳ね除けて問題山積のアリタリア航空便を選ぶ。成田からのローマ行きは、定刻に出発。正確だぁ……と感心していたら、ローマ到着と同時に問題発生。「整備不良のためフィレンツェ便は欠航」とのアナウンス。薄暗いガラーンとした空港をほんの幾つかのしかも異なる情報で、大きなスーツケースを引きずりながら走り回り、欠航となった飛行機の代わりに仕立ててくれたバスに乗り込む。ローマ空港から現地時刻夜一一時過ぎに二台のバスに分乗して、フィレンツェ空港に向かい始めた。が、バスがこれまた整備不良でローマ空港を出て三〇分も走らない内に立ち往生。フィレンツェ空港に着いたのは、日付も変わった六日午前三時。時間が時間なのでタクシーもいない、奪い合いの小競り合いもあったりしたが、フィレンツェ中央駅方面に行く者三組が相乗りし、やっとこすっとこ、我がアパルタメントにたどり着く。

仕事のあとチェゼーナから来てくれていたパオラを随分待たせてしまった。パオラが温かい紅茶を入れてくれてほーっと一息。数時間眠ったか眠らないかで起きて、エスプレッソを眠気覚ましに飲み、警察に滞在許可証を申請に行く。警察でも外国人対応の書類作成ができる署は決まっている。知人に尋ねても最寄りの警察署で聞いても三箇所の異なる答えが返ってきて、あっちこっち二人で歩き回らされる。

パオラはそんなことは慣れているので、ファッションやバッグ、インテリアなどのウインドーショッピングを楽しんでいる。フィレンツェだもの数歩進めばいい店がある。イタリアにはここ一〇年ほど東欧、ロシア、南米、アフリカなどからの移民、短期の労働者がなだれ込んでいて、その受け入れには寛大ではあるが、書類上は厳しくなっている。幸い私の滞在証は、物腰の柔らかな定年間近な婦人警官対応ですんなり落着。

青春第二楽章の居は、フィレンツェの中央駅とサンタマリアノヴェッラ教会のすぐそば、二つのスーパーマーケット、数え切れないほどのバールやレストラン、おまけに「九九セントショップ」もあり、これまた大変都合がいい場所だ。SITAという前から利用していた中距離バスの発着所は、アパートの右下にあり、シエナ、プラト、アレッツオなど近隣の街には、鉄道より時間も正確で所要時間も短い。シエナ行きなどは毎時発着し五〇分で行くことができる。鉄道のローカル線は、遅れるのは当たり前と考えても良いくらいだが、SITAは私の利用した限りでは概ね正確である。先回は、運転手がデートの約束でもあったのか、定刻数分前に発車してしまい乗り損なってしまったが……。

昨夏、イタリア、スペイン旅行の折は手数料別で一七五円くらいだったユーロが、二〇〇八年一一月後半から一三〇円以下になり生活するのも少し楽になりそうだ。街のいたるところに赤々とランプのともる換金所「カンビオ」と、銀行では一ユーロにつき、時に一〇円以上の差があることもわかる。ただ、銀行によっては換金を受け付けていないところもあるので、行列をして三〇~四〇分以上待たされた挙句、「うちはやってない。カンビオに行って」と、すげない返事が返ってくるところもある。トラベラーズ・チェックも換金できるところを探すのにも足と時間がかかる。円をユーロに換金するのに行員のオバサンが、日本円を何度も透かしたり眺めたりした挙句、同僚に確認のために聞きまわりやっと換金できたこともあった。こちらの質問に皆一様に真面目そうに答えてくれるが、決して真に受けられない。答えがまちまちすぎるのだ。

換金に困っていることを知ったパオラが銀行に一本電話をしてくれたら、なんとまあ、別室に通され、副支店長のハンサム君が、背広のボタンを留めて立ち上がり、貴婦人に接するが如く慇懃に挨拶してくれ、すぐに換金でき、おまけに手数料が前回の半分以下。いわく、「当銀行に口座をお持ちの方と同じ扱いにさせて戴きました。今後、いつでもご用命ください」。なんだこりゃあ……と一人で笑いながら帰る。

自分に言い聞かせたこと

我がアパルタメントのオーナーで建築家でもある三七年来の友人パオラは、スーパーマーケット、学校、ビンゴゲーム場など大きな仕事をいくつも抱えている。当然ながら開店、開校に向けて期限に間に合わせなければならない。パオラは私がフィレンツェに着いた翌日にはそそくさと列車で三時間かかるチェゼーナに帰ってしまった。

また、当の私もイタリアに着いて早々、高揚感も時差ボケも解消しないままの浮遊状態でパリに行く旅程があったので、家具付き、すべて付きのアパートを借りたものの一か月近く経ってもまだ何がどこにあるかよくわからない。自分でもまるで動物園の熊のようだと苦笑いしながら、あっちの引き出し、こっちのドア、上置き、挙句は何の意味も無く冷蔵庫、冷凍庫を開けたり閉めたりやってみる。ボイラーの調節、オーヴンや食洗機の使い方も分からない。ボイラーなどは、機械に説明が書いてあるが細かすぎて読めやしない、あった、あったと同じ年代だったピエロの拡大鏡をかざしてみるがそれでも見えやしない。背中を丸めてフーッとため息が出る。

このアパルタメントには何度も来たことがあるとは言え、何しろお客さんだったので部屋の配置くらいしか記憶になかった。日々の細かいが、一つずつ大切なことがあっちでゴツン、こっちでゴツンとぶつかってばかりいてちっとも先に進めない。

「サアーテ……どうするべえ？」と何日も頭を抱える状態に陥ってしまった。でも、今回イタリアに来る前に強く、「いつ会っても芯から話し合え、家族のような友人は何人かいる。でも友情と寄りかかりは別物。決して友人に寄りかかってはいけない！」と自分自身に何度も言い聞かせ決意固く日本を発った。本当に困ったときは友人に頼ろう、でもできるだけ自分で解決するべきなのだ。友人たちは、仕事があったり、老親を抱えていたり、友人自身の体が不自由だったり、夫が亡くなったりしている。そして齢を重ねた分、知恵はあり口は達者だけれど、みな動きが鈍くなってきていたりもする。

そうなのだ、三七年の年月は長いのだ。

〝あの頃〟は、みんな夢もあったが不安もいっぱいの学生だった。〝あの頃〟から比べると三七年の年月は、外見でも単純に女には皺ができ、体形が寸胴以上の樽型に近づいていく……。男は精悍さが消え、頭髪が退化し自慢のお髭も白さが目立ち、孫が小学四年生になっていたりする。決して寄りかかってはいけないのだ。

一九七一年〜七三年の音楽院の学生時代は、自己発見をしたいことが目標であったが、イタリアの地で一人で住むことは論外であって、アメリカ人のヴィルジニアと一卵性双生児のごとく助け合いながら生活した。

今回の青春第二楽章は、できるだけ人に頼らず自立すること、一人で住むことがテーマだ。もう一つは、「自分のためにいい時間を使うこと」。女性は、自分のために自由に時間を使うことは、意外に少ない気がする。我が夫ドッコイは、「人間も猿と一緒で母系なんだよ、妻であり母である女は、自分のためよりファミリーのためにいつも気を働かせるようにできているんだ」とのたまう。そうなのだ、今回の青春第二楽章では、イタリアの地で自分の気持ちの動きを感じ、自分を温めるために時間を使いたいと本能的に思った。世界第一位の長寿国日本。女性の平均寿命は八六年超。まだまだ先も長い（多分！）。蛇《へび》が出るか蛇《じゃ》が出るかわからないが、もう少し先もあろうかと思われる私の近未来のページを開くチャンスにもしてみたい。アパートの中を右往左往しながら、自立するために日々の問題を一つずつクリアーしようと、自分に言い聞かせた。

困ったイタリア鉄道

とにかく、ユーロスター、インターシティ以外は、ほとんど時刻表通りに発着しない。特にローカル線がひどい。重要な商用がある人、家族に重病人がある人、恋人の誕生日に行く人……困るだろうなあといつも思う。それでも列車を利用する人は、みな定刻前には駅で待っている、イライラした顔をしていない。「××便ローマ行きは、一〇分遅れ。一〇時〇〇分着が一〇時一〇分着」と構内放送あり。二〇分、二五分遅れくらいまではアナウンスするが、その次からは案内も流さない。電光掲示板とアナウンスの違うことも多々ある。

また、大きな駅には最近それと分かる服装で、案内係が配置されている。その案内係も質問に答えてはくれるが、「今日来たばかり?」くらいの知識。先日、フィレンツェ駅でヴィアレッジョに行くために列車を待っていたときのこと。三〇分遅れで列車はやっと到着。列車が見えるほど直前に、「一番ホーム到着予定の××便は七番ホームに変更」のアナウンスンス。列車を利用する人は、これから旅する人、長旅から帰る人が多いので、それぞれに大きな荷物やスーツケースを持っている。中には両手にスーツケースを引っ張り、背中にもう二つ背負っている人もいたりする。一番ホームで待っていた人は一斉に、七番ホームへなだれ込む。他の駅でもエレベーターは時折あるが、大方エスカレーターもなく、荷物を抱えて階段で地下道に下り、また階段で指定のホームに上がる。健康な私でも気が急くのも重なって毎回ハアハア、ドキドキする。車椅子の人、身体に障害を抱える人、老人はどうするのだろう。

不思議なのは、何でも抗議し、議論するイタリア人が遅延列車に関して駅員に怒っているのを見かけないことだ。独りでブツブツ言ったり、舌打ちをしたりする若者は見るが、年配の婦人などあたかも遅延が分かっていたかのごとく顔色一つ変えていない。忍耐強いなあと感心する。イタリア人に「日本の新幹線など定刻発着はもちろん、おまけに最近はホームに転落防止の頑丈な金属製の柵があるので、各扉の前に引いてある白線のところにピタッと止まるのよ」と話しても気のない「フーン」。光景が浮かばないらしい。

先日列車で隣り合わせたナポリのオバサンは、「孫に会いにフォルリー駅で下車するつもりだった。ところが運転手が居眠りでもしてたのかしらね、通過しちゃったのよ。駅を通り越して暫く行ってから急停車、乗客は停車した場所の線路上に降ろされたわよ。大きな荷物を抱えて歩いて戻ったわ」とカラカラ笑い飛ばしてやはり怒らない。

線路上に降ろされるなんて日本だったら大問題。各新聞社、テレビカメラ大放列の中、ＪＲの幹部三人揃って、報道陣のライトで薄くなった頭に反射光ができる定番の〝申し訳ございません会見〟間違いなし。いやそれに止まらず国会まで波及するかも……。

駅構内で列車を待っていると、男がスーッと近寄ってきて、汚れで黒くなった片手を出す。時に見上げるほど背が高く、自分がすっぽり隠れてしまい、ナイフでも出されるのかと血の気が引くほどびっくりする、物乞いなのだ。列車内でも〝ありがたい言葉〟が書いてあるハガキの半分くらいのカードを黙って配って歩く。暫くすると戻ってきて手を出してお金を要求する。顔を合わせないように相手にならないで黙っているとカードを引き上げていく。車掌が検札に回ってくるときはトイレに隠れるらしい……。駅員は何をしているのかと何度もいぶかしく思ったことだ。

ここまで書いていたら、今日着くパオラから電話があり、「定刻通りにフィレンツェに着くわ。時にはイタリア鉄道に奇跡も起こるって書いといて」

パネトーネ

クリスマスシーズンには欠かせない、老いも若きもみんな大好きなパネトーネのお話。

一四〇〇年代の昔、ミラノのさるレストランにトーニというなかなか腕のいいコックさんが働いていた。ある日、有名人の大規模な夕食会の予約が入り、トーニは張り切って、前菜、パスタ、メインと献立を考えた。メルカートに出かけ材料を吟味し、下ごしらえし、グラス、皿などの食器類もふさわしいものを選び、盛り付け方にも工夫を凝らしていた。当日は、お客の間合いを見ながら順々に手際よくディナーを作りあげていった。トーニは、テーブルに笑顔が溢れる料理を作るため、一皿一皿とても真剣に進めていき、できも上々だと自信たっぷりだった。

「よーし、次はドルチェだ!」とディナーの締めくくりに欠かせないドルチェに取り掛かったが、途中で、何を間違ったのか、思ってもいないものができ始めた。時間も迫って来たし「これは、困った……」と、腕を組み考えようとしたが、そんな悠長な時間はなかった。エイヤ!とばかりに調理場にあったオレンジの皮、葡萄など砂糖漬けのドライフルーツを入れてオーブンで焼き、何分か後にオーブンを開けてみると思いもかけなかったみっともない、大きく膨れあがったお菓子ができ上がっていたのだった。

トーニは、おそるおそる、お客さんにデザートとして出した。ところがどうでしょう、みんな大喜びで、なんと大好評。

その日以来、トーニの店のデザートはミラノの街で評判となり、あちこちのレストラン、お菓子屋さん、パン屋さんが真似て作り始め、ついにはイタリア全土に広がっていった。パンのことをイタリア語でパーネと言う。トーニが作ったから、ディ・トーニ。パーネ・ディ・トーニ、訛ったのか、あるいは語呂がいいからか、「パネトーネ」と定着し、今ではクリスマスシーズンに無くてはならないお菓子になった。

大きな菓子メーカーも一一月後半から、「パネトーネは、やっぱり××じゃなくちゃあ」などと、連日テレビで鳴り物入りの派手なコマーシャルを流し始める。街のあちこちにある、朝早くからその日に売る分だけ作っている小さいパン屋さんでも、クリスマスシーズンには店の特性を折り込んで作り、店頭に見本を飾って、予約を受け付ける。各家庭にも「パネトーネは、これよ！」というコマーシャルにのらない馴染みの店の馴染みの味があるのだ。

前菜、パスタ、メイン、サラダ、フルーツの後、パネトーネがテーブルに運ばれると、「ナターレ（クリスマス）！」と歓声が上がり、自分の食べられる分を切り分けていただく。誰か一人お皿に乗り切らないほど切り取るとブーイング。自分のお代わりがなくなってしまうから。クリスマスのご馳走のあと、家族全員でパフパフと音が聞こえるほど頬張る。

究極の断・捨・離　カバン一つ

フィレンツェの街の中には数え切れないほどの教会がある。花の大聖堂ドゥオーモを筆頭に多くの立派で名前の知られた教会があり、ピアッツァと呼ばれる広場がついていて、人々の憩いと集いの場所にもなっている。「サンタクローチェ方面よ」とか、「サンタマリアノヴェッラの近く」とか方角を示す時にもよく使われる。その他、外からは教会とはまったく分からないその地域の人たちの教会、そして経営難か、守る人がいないのか、由緒はあるが閉鎖されている教会があったりする。

イタリアに着いたばかりの頃、アパルタメント近くを散策していたらアルノ河畔のテアトロ・コムナーレの近くで心惹かれる教会を見つけた。一二三〇年代に創建されたオンニ・サンティ教会だった。一度立ち寄ってその後、時々夕刻のミサに参加するようになった。ミサは賛美歌に始まり賛美歌に終わるシンプルな美しいものだ。所用があったので同席した神父に、「修道士ジェロームをお願いします」と申し入れたら、「彼は、別の任地に行きました」「えっ？　先日は、何も言っていませんでしたよ」当の神父は、「私は三日前に零下二〇度のウズベキスタンから着任しました。ここは暖かいですねぇ」と言って真冬に底冷えのする教会内でサンダル履き。

フィリピン出身のオルガニスト、シスター・チェチーリアが説明してくれた。「そうなんですよ、私たちは上部からの電話一本で要請のある地に赴くのです。今日電話があったら明日の朝出発ということもある。荷物は小さなカバン一つ、ほんの身の回りのものだけ」

と、両手で小さいカバンの形を作りながらニコニコしている。そうなのだ、究極の断・捨・離なのだ。凡人の私も旅行するたびに思う。そして家に帰ると「こんなにもいっぱいものがある！」とびっくりする。五〇歳代に入った頃から持ち物を少なくシンプルに生活をしたいと強く思っているがなかなか叶わない。「一つ買ったら二つ処分！」と独りごちながらすごしているが、なぜか年々歳々増えていく。

シスター・チェチーリアのカバン一つでどこまでも行く姿を想像し、彼女のこだわりの無いすっきりした笑顔と言葉が心に残った。今回の青春第二楽章も大き目のスーツケース一つとノート型パソコンでフィレンツェに着き、これで三か月生活できた。興味深かったことは、持ち合わせの物の中でやりくりすることがだんだん楽しくなってきたこと。ものが少ないと気持ちもすっきりする。シスター・チェチーリアのように、ウズベキスタンから赴任した神父のように、「小さなカバン一つ」は、とても真似できないが、心して物を持たないシンプルライフを目指したいと思ったことだ。

フィレンツェの街に溢れるブランド店、あるいはもっと広い意味でイタリアのファッション業界や一般の通りの店も日本と同じように、ターゲットが四〇代くらいまでで、私共の年齢にふさわしい着やすいものが少ないこともあり、購買意欲をそそられないことも幸いしている。

昔学生だった頃、羨望の的だったイタリア人紳士淑女のおしゃれも年月とともにカジュアルになり、いまや冬はセーターとパンツが主流で、ジャケット着用すらも少なくなった。また、イタリア人に「バッグに気をつけるのよ」と繰り返し注意されたが、女単身赴任者にはその防衛手段として立派そうな服装をしないことも必要なのだ。シスター・チェチーリアの「カバン一つ」を時々思い起こし、お手本にしよう。

マルタの家

レッジョ・エミリアに住む、友人の娘即ち第二世代目の友人マルタが、両親から家を買ってもらった。

二〇〇八年一一月私がイタリアに着くやいなや、「私の家に来てくれなくちゃあ！」と何度も誘ってくれた。私はと言えば、三五年ぶりのフィレンツェの生活に慣れず、旧知の文化交流団体と日伊交流の話もできず、語学校も決まらず、パリに行ったりしたので「フィレンツェ青春第二楽章」が何の見通しも無いまま一か月近く過ぎてしまっていた。ちょっと気持ちが萎えていたが、勇気と元気を振り絞り、私のできる日伊交流についてロムアルド・デル・ビアンコ財団と話し合い、私の滞在期間と学校側のプログラムが合わない語学校はあきらめて、文筆家であり万葉集も理解する友人カルメンに個人レッスンを頼んでみた。「いいわよ、喜んで引き受けるわ」。一挙に問題解決。グッと絞り出す勇気が時々必要だ。ほっとしたところでそれではとマルタの家を訪問することにした。

レッジョ・エミリアは、エミリア・ロマーニャ州の州都で、財政的に豊か、人はきちんとしていて、あまりふざけたことが言えない生真面目さがあり、また町全体に起伏がなく、夏は蒸し暑く冬はかなり寒い。訪れる度に名古屋に似ているなと思うところだ。

マルタの家は、二〇〇二年街の中心から西方五キロに団地ができその中の一軒だ。広さ七五平米、六階建ての四階にありエレベーターホールから、玄関を開けると陽光がいっぱいの広いリビング、間仕切りがあって、合理的なダイニングキッチン、大きな主寝室、すこし小さ目の客室兼書斎、屋外で食事をすることが大好きなイタリア人、気候の良い時期には友人達とテーブルを出して食事もできる広いバルコニーが二つある。彼女が購入する前に数年間若い夫婦と子供一人が住んでいたので、日本流には中古住宅ということか。値段は、一五五、〇〇〇ユーロ。

二九歳になるマルタは数年前のある日両親に「自活したい」と申し出て、娘が可愛くてしょうがないパパは、唐突の独立宣言にびっくり仰天。でも娘の願いを聞き入れて両親の死後彼女のところに渡るであろう遺産を生前分与することにした。イタリアは、二〇〇六年の法律改正で相続税がほとんどかからなくなった。また、夫（または妻）が亡くなった場合は、妻（あるいは夫）に遺産の三分の一が、子供には人数に関わりなく三分の二と定められている。しかし遺言書がある場合は、故人の遺志が最優先される。

相続税が少ないためか、友人たちも何軒も家を持っていたり、広い土地を複数所有していたりする。マルタの友人も結婚前から両親から家を譲り受けたり、頭金を払ってもらい残りは自分でローン返済しているなど、若くして借家住まいより持ち家の人のほうが多い。イタリアの持ち家率は八〇パーセントだとか。

日本と大きく異なることは、建物が何世紀にも渡って使われること。日本の家は「築三〇年、そろそろ建て替えか……」となると言うと、皆一様に驚く。そして、「なぜ改装しないで建て替えるの？」と返って来る。

同じレッジョ・エミリアの新興住宅地に住む友人に「この家どれくらい持つの？」と尋ねると「ウン……？」質問の意味がわからない様子でしばらく考えてから「何世紀もだよ！」。耐久年数について会話に上ることが無いらしい。修理や改装技術がとても進み、かつ普及している。日本人の新しい物好きの消費文化とイタリアの保存文化、木の文化と石の文化、両者には理解を超えた差がある。しっかりしている分価格も高いが売却の折りの値も日本の木造中古住宅で築二〇年ものになるとほとんど土地値だけになってしまうのとは雲泥の差で、買った時と変わらないくらいの額らしい。家は永代の財産なのだ。そこらへんが、うらやましいことだ。

三八年前、音楽院に通っていた頃住んでいた大聖堂の近くのアパルタメントも何も変わらずそのままあり、通るたびに胸がチクンとし、時の流れの哀愁に浸る。ルネッサンス期の建物なのだ。住んでいた頃アパルタメント入口の大扉がかなり傷んでいた、それは三七年の間に新しくされたらしいが、扉の色がかなりくすんだ焦げ茶色に塗られていて新しくなったことが分かりにくくなっていたりする。

日本に度々来る友人は、伊勢神宮の遷宮行事を「二〇年ごとに建て替えるなんて！」と軽蔑気味に言う。熱心なカトリック信者の彼にとっては、伊勢神宮の遷宮行事は大聖堂が二〇年ごとに建て替えられることとオーバーラップするらしい。

住まいに限らず、家具調度品も新しくてピッカピカよりも少しくらいガタついていてもアンティーク調を好む。どの家にも大きな地下室があり、大叔母さんの食器セットを何世代にもわたって家族の流れを慈しむように使っていたり、お祖父さんのベッド、曾お祖母さんの机、長椅子など古くてクッションが破れていたり、脚が一本折れて無残極まりない格好の家具も廃棄せず手直しの日を待ちながら鎮座していたりする。インテリア雑誌を飾っているイタリア特有の斬新でシャープな家具類をそろえている家はほとんど見たことがない。

マルタの住まいにもおばあちゃんからかな？と思しきものがいくつかあった。

都市国家の流れ

都市国家が統一されイタリア共和国と命名されてから何年過ぎたろう。〝多くの都市国家の興亡を経て一八六一年イタリア王国が成立、一九四六年に国民投票により王政が廃止されイタリア共和国となった〃と、外務省のサイトに載っていた。イタリアが統一されて一五〇年か……かなり長い。しかしながら今でも出身地がどこであるかは個人にとってまさにアイデンティティの問題だと感ずるほどに激しい。

二〇〇九年九月初旬にイタリア全土から集まった三〇人ほどのパックツアーに、我が夫ドッコイと参加して、一〇日間シチリアをぐるり一周と、少し時をあけて、ナポリ、ポンペイ、ソレント、アマルフィ、カゼルタに七日間の旅をした。ナポリ方面旅行の時、長靴形のイタリアのカカトあたりレッチェから参加した男性がことあるごとに、「ナポリ野郎は、ずるいからねえ」とのたまう。旅行中一週間同じホテルに宿泊したので、ワインは瓶ごと注文して残れば翌日同じテーブルに置いてくれることになっている。第一日目の夕食からカカトから来た彼の奥さんはきっちりと、太めのマジックペンで残量を標《しる》した。私も真似して手持ちのボールペンで線を引いてみたが、書き方が甘かったのか翌日テーブルに置かれた時は、四センチ以上少なくなっていた。ウェイターが片づけながらビンを傾けてゴクン……？　それを見たカカトから来た人は、「ほーらご覧！　言ったとおりでしょう、本当にナポリ野郎は始末が悪い！」と他人事なので、もんどり打って喜んでいる。一つ失敗は瓶を逆さにして線を付けるべきだった……らしい。

住宅地には、広い庭に緑を湛えた木々や、カラフルな大ぶりの花をつけている樹木のある家々。玄関前にはいくつものテラコッタの面白い形の鉢に花が咲き乱れている。南部特有の赤瓦と白い壁面の大きな家が華やかに彩られて、陽光と共にまぶしい。まさにナポリ民謡オー・ソーレ・ミーオの空気感！

北部から参加した婦人に「南部は貧しい、貧しいと言われているけれど皆立派な家に住んでいるじゃない」と話しかけたら、体をちょっとかがめ声を潜め私の耳元で、眉間に皺を寄せてきつーい口調で言う、「ナポリ人は、それは虚栄心が強くてね、借金に追われて、家の中が火の車でも体裁を繕って立派な家に住んで見せびらかすのよ。私たちの北部三州は平均月収一二〇〇ユーロ、ここナポリは六〇〇ユーロよ。こんな立派な家に住めるわけがない」。そんなに言うならナポリの旅行に参加しなかったらいいじゃないと口から出かかりそうになった。そして、目の前の立派な家の半分が借金に、家の中には火の車が煙と共に走りまわっているように見えてきた。

ことほど左様に、「トリノに行く」というとトスカーナ人は、「トリノの人は口と腹とが違うから信用するんじゃないわよ。言葉だけで判断しちゃあ駄目よ」。日本でも京都で、「お上がりやす、ぶぶ漬けでもどうや」と言われて、「それではお言葉に甘えて」と真に受けて上がるもんじゃないと流布されていることがふっと頭によぎった。

旅の仲間にフィレンツェから来たというと、「フィレンツェ人は、自分たちが一番偉いと思ってよそ者を見下し、決して信用しないのよねえ」。スノッブを意味する鼻を高くする真似をしながら言う。うん、確かにフィレンツェ人のバリアは固い。

一週間余りのパックツアーでもこの有様なので、出身地が異なる人との結婚が成立するとことあるごとに比較と対立、そしてもう一つ、我慢合戦が始まるようだ。結婚した本人たちより互いの両親や、親戚ご一同様の方が余計引っ掛かるらしい。「婿は××出身だから……」と。食に大変うるさいイタリア人、どの家庭も大方食の大元台所は女性が預かっていて異郷人の好みに合わせるのが大変なのか、婿殿のことが圧倒的に多く耳に入ってくる。

クリスマスの祝い方も一二月二四日を主とする地方、二五日を主とする地方、日本でもおせち料理に特色があるように、クリスマスの食卓も夫と妻の出身地が別だと、お互い尊重するのか、やっぱり譲れないのか、二つの料理で祝ったりする。イタリア国内の地方対地方の揶揄合戦は、国際結婚よりも出身地の特色が判っていて想像がつく分、より難しいんじゃないかと思われた。

移民ージイタン・パパ

カリブ海の島から故郷レッチェに滞在し、そこを拠点にイタリア国内を妻と子供と三人で旅行しているジーニに会った。

「それは家が貧しくてね。兄弟が多く、一六歳で故郷レッチェから逃げ出すように船でカナダに向かった。行きの船賃だけ払ったらほとんど金はなかったよ。カナダに着いてからは、這いつくばるように働いて一九歳で自分の水道工事屋を持てた。と言ったって当初は小さな修理ばかりだったけれどね。その頃、僕より二〇歳年上のレッチェ出身の建築屋と知り合ってね、同郷のよしみか、とても可愛がってくれて仕事を回してくれるようになった。それがまた香港が中国に返還される時期と相前後し、香港の金持ちが、主にカナダ、ニュージーランド、オーストラリアに移住した時代だよ。カナダにも金持ち香港人がなだれ込むように移住し、見上げるほどの立派な家を次々に建築する。可愛がってくれた同郷の建築屋の信頼も厚くなり、ぼく自身も尊敬していた。チャンス到来って言うもんだねえ。建築屋の建てる一切の家の水道工事を任されるようになってそれは稼いだよ」

「建てている最中から、いや基礎工事の段階から話がまとまって大きな家がどんどん売れていくすごい場面にも遭遇したよ。ちゃんと見もしないいんだぜ。猛烈に働いて自分でもビックリするほどの金持ちになった。時期を同じくして前の女房の親戚に〝新規事業を立ち上げるから〟と借金を申しこまれ、二つ返事で貸した。そしたら事業は大失敗。物の見事に金はすべてなくなった、無くなっただけでなく山のような借金まで背負い込んだ。一〇年以上その借金に苦しんだけれどつい最近清算できたよ」

「今、カナダの水道工事屋は長男に任せて僕は、カリブ海の島でイタリアレストランを経営している。そこで働いてくれていたこの二〇歳若いスザンナと結婚し男の子に恵まれた」

「亡くなったイタリア人前妻との間に長男三六歳、次男三二歳、長女二七歳の子供がいるけれど、三人ともまったく結婚の気配がないんだよ。孫の顔を見たいと思っても子供たちが見せてくれないから、自分で拵《こしら》えたよ！」

オチが面白くて大笑いした。

今は何をしても楽しくてしょうがないニッコニコのジイタン・パパだ。家は、カナダとカリブ海と生まれ故郷のレッチェに持っている。

「結局兄弟みな故郷を出て、一人レッチェで暮らしていたマンマがいい年になってカナダに来ることになった。兄弟の間で、もう誰も戻らないから家も田畑も売却しようという話が持ち上がった。でも家は僕が引き受けるから売らないでくれと頼んだよ。なぜってマンマが村の人から〃村を棄てて出て行った人〃とレッテルを貼られることを避けたかった。マンマに後ろめたい気持ちを抱かせたくなかった。マンマは、数年後に亡くなったけれど、レッチェに家を残したおかげで、こうして時々故郷に滞在できるよ。今度はレッチェで会わないかい？　近くに世界遺産に登録されたアルベロベッロもあるし」

隣の黒人の若き妻の手を握り、目を細めて見詰めながら「スザンナはね、とにかく穏やかなので助かるよ。亡くなったイタリア人妻は、それは気性が激しくてね、水道工事屋当時家に帰りたくなくて、居残って夜遅くまで仕事したもんだ……」。ジーニは幼少期を過ごしたイタリア時代もちゃんと教育を受けげず、一六歳でカナダに渡ったためイタリア語もうまく書けず、英語の簡単なスペルも解らないらしい。「英会話は、カナダのコミュニティセンターでいろんな国の人と一緒に〃This is a table.〃から始めたよ」。かなりの屈辱感を味わったのかうつむき加減で苦い思い出を語った。

一九五〇年代イタリアから、特に南部から多くの人たちが仕事を求めて外国へ外国へと発ち祖国を後にした。私どもがオーストラリア・シドニーに滞在した時もイタリア南部移民の人たちと何度か話をした。ナポリ出身で食料品店を営む夫婦など、四五年間オーストラリアに住み、国籍もオーストラリアに移したのにも関わらず、「自分は身も心もイタリア人だ、紙切れで国籍変えたって魂は終生変わらない。働いて金をためて、四年に一度故郷ナポリに帰るのが一番の生き甲斐だ。そのために生きてるようなものだねえ」。

「まだ親戚とは会えるの?」

「いや、故郷を離れてからの年月が長すぎるし、昔は各家に電話がなかったし、電話料金もべらぼうに高かったからね、とにかくこちらで生活を成り立たせるために働きづめだったから、親せきとも友人とも全く切れてしまったよ。四年に一度故郷に帰るとホテルに滞在するけれどそれでもいいんだ。ナポリの空気に触れるだけで心が躍るよ」

今回のナポリ旅行で会ったカリブ海に住むジーニは、苦難の末に成功し、今は平安と平穏を得て、若い妻と孫のような第四子に恵まれ毎年のように三人で生まれ故郷に帰ってきている。イタリアに帰ると彼の魂と血が喜ぶようにみえた……。

イタリア語も英語も文字がちゃんと書けないと言うが、マンマを優しく包み込むように思い遣ってレッチェの家を残した話からしても情が深い。かつ話し上手でそつがない。臨機応変、人を上手に使いこなせる才があったから負の部分もカバーできたのだと思われた。ナポリを拠点に一緒に旅してみて、風雪に耐え、山を越え、谷に落ち、また山に登ったように、自分自身で人生を切り開いた自信からか、それは爽やかな達成感のオーラが漂っていた。

イタリア給料・年金

日本でも近年大学卒業後、なかなか正規採用になれず、派遣社員やパートタイマーで収入を得る人が多くなって社会問題化しているが、イタリアでも大学卒業後すぐに正規雇用職が見つかることは大変に難しく、パートタイマーで五～六年、時にはそれ以上の年月お茶を濁すことがほとんどだ。家庭に経済的余裕がある人は、職が見つかるまで大学院に通ってもう一つ学歴を上げたりする。

語学校を見学したときの先生が、なるほどと言う面白い話をクラスでしていた。

「イタリア人はみなママっ子と言われているけれど、その通り確かにマンマが大好き。でもある年齢に達すれば多くの若者も自分の居場所を求める。マンマから離れて独立したい。でも経済的にできないのが現状なのよ。アパルタメントでも借りて家賃を払っていたら絶対やっていけない。結婚しても専業主婦はありえないと言えるくらいの現状。月収二人合わせても二〇〇〇ユーロ、良くても二五〇〇ユーロ。ローンや家賃を払わなければ、まあまあ生活は成り立つ額。独り身の若者たちは、マンマから離れられないことになってしまうのね」

ちなみにイタリア北部豊かな州の平均月収一二〇〇ユーロ、南部六〇〇～七〇〇ユーロ、イタリア全国平均一〇〇〇ユーロ。近しい友人、知人たちがそれぞれの状況を隠すことなく教えてくれた。
＊小児心臓病専門の女性看護士ピーナは、看護大学卒業の五九歳。外国の医療援助チームにも請われて何度も参加したベテランだ。月収一三〇〇〜一四〇〇ユーロ。
＊都市設計家ラッファエッロは建築学部を卒業し六〇歳。専門家集団からなる有名な共同建築事務所に所属している。月収約一八〇〇ユーロ。
＊公立中学校美術教師だったマーラは、国立美術院を卒業した六一歳。在職中の給料一八〇〇ユーロ。退職した後の年金月額一五〇〇ユーロ。夫のジャンカルロは国立大学建築学部を卒業し、公立専門学校で測量を教えていた六三歳。在職中は一七〇〇ユーロ。退職後の年金は、マーラと同額の一五〇〇ユーロ。「一人分の一五〇〇ユーロでは生活は難しい。二人合わせればかなり余裕はある」
＊やり手の建築家だったマルゲリータは、三七歳で脳血栓に倒れ障害を持つ身となった六一歳。年金月額一六〇〇ユーロプラス障害者手当四〇〇ユーロ、計二〇〇〇ユーロ。かなり高額だが、彼女自身が現役であった折、高収入を得ていたのでそこから算出されたそうだ。
＊ピアニストでフィレンツェ国立音楽院教授だったファウスタは、学校は一日たりとも行っていなくて全課程家庭教師をつけてもらい学んだ。一四歳でディプローマを取得し演

奏家となり、二八歳から国立音楽院で教授した七三歳。現役の折の給料一八〇〇ユーロ、退職後の年金月額約一五〇〇ユーロ。夫でやはり音楽院で音楽史を教授したチェーザレは、七〇歳。在職中は一八〇〇ユーロ、退職後の年金月額一五〇〇ユーロ。しかし、ファウスタは、ピアニストとして音楽院の教授時代以降も収入があり、チェーザレは、何冊も著作があり印税が入り、イタリア各地で音楽舞台監督をし、音楽評論家として執筆しているので、そのあたりは別途収入だ。

イタリアは面白い！

イタリアにいると時間の流れの質が違う。今ここで自分が生きていると感ぜられる。聞いた範囲では、かなり日本より現金収入などは少ないようだが、国民性か民族性か、彼らと一緒にいると常に我を忘れず他におもねらず、「自身の気持ちに沿った生き方以外しない感」がある。エラク豊かだなぁと思う。日々ブレがない時間の過ごし方をしているのか、一緒にいてこちらまで気持ちがすっきりするのが不思議だ。もちろん私の友人知人、そして出会った人たちばかりのことだけれど。

……なんていうことはないイタリアが好きなだけかも……。

イタリアはとにかく面白い。

ドゥオーモ　サンタ・マリア・デル・フィオーレ

おわりに

一九八六年に名古屋日伊協会事務局長より日伊協会会報に「イタリア記を書いてみませんか」とお誘いを受けました。書くことは大好きだけれど、私が公表できる文が書けるだろうかと戸惑いがありました。その後も何度かお誘いをいただいて「ちょっとセピア色のイタリア記」（青春第一楽章）と題し書き始めてみました。

脳みそと心に私のイタリア生活は凝縮して入っていたので、書き始めたら何も見ず書いていけました。嬉しいことに多くの人に楽しんでいただき、書いたことで新しい友人も何人かでき、未だ仲良くさせていただいている方もあります。その後二五年ぶりのイタリア帰りの「再会」、「イタリア統合教育」、再びフィレンツェでアパートを借りた「フィレンツェ青春第二楽章」等々、何年にも亘って書かせていただきました。

今回は、初めに書いた「ちょっとセピア色のイタリア記」に少し手を加え、フィレンツェ青春第一楽章とし、同時期に南極で越冬生活をした夫・輝海を誘って二人でまとめてみました。

終わりにあたり、いつも私の心の支えになっていたイタリアの友人マルゲリータ&ラッファエッロ・ベーヴィヴィノ、パオラ&ピエロ・ソッジュ、マーラ&ジャンカルロ・ポッダ、ロセッラ&レンツォ・ムッツィ、ファウスタ&チェーゼレ・オルセッツリ、フレミーニオ・コンティーニ、ジョヴァンナ&パオロ・デル・ビアンコ、アメリカのヴィルジニア・ロダモア他たくさんの友人・恩師に心からの感謝をいたします。

愛子

愛子から、「イタリア記を書くけれど南極記を書いてみない？」と誘われ記憶を辿りながら書きました。

南極観測は国家プロジェクトであり、期間、エリア、人員、テーマなどが限定され、外界との交流の希薄な社会の中で行われます。専門の地質学は、野外調査を基本とするので、自然の中に身を任せることが好きで、選んだ分野です。南極生活は未知の自然を知り体験することと一致しました。

観測や研究成果は発表されますが、極限の世界でどんな生活をおくっているのか、何が面白いのか、困ったことは何か等はあまり知られていません。環境の異なる南極での日々の生活に的を絞りました。

野外調査では今まで人が歩いたことがない所を歩き、テントの中でコンロに火をつけ、雪を溶かして夕食を調理する。昼食は凍らないように防寒着の中に入れて持ち歩く。時にはブリザードの中で凍りついたパンと燻製の鶏肉をかじる。心が奮い立つような自然との一体感でした。ピラミッド型テントの床は氷床で外気温と同じマイナス四〇度。氷床の上に厚さ三センチメートルのマットレスを二枚重ねて敷く。その上で極地用の二重のシラーフに入って寝る。マイナス四〇度の氷床から身体まで七センチメートルほど、私の体温は三六・五度なので七センチメートルの間には七六・五度の温度差があり、この状態が調査中何日も続きました。生きている事を実感せざるをえない日々でもありました。

しかし四六年もの年月を経て、思い出せないことも多く、かなりは事実に基づく創作となりました。ここに登場する南極の同志は、故人になられた方もありますが、第十三次隊の夏隊を含む三九人は基地生活、野外調査に於いて援助、励ましをくれました。帰国後は「十三次会」を毎年開き、絆を保っています。

故人になりました同志の名を記し、ご冥福をお祈りします。夏隊員　清野善兵衛総合隊長、青柳昌弘様、佐藤金雄様、越冬隊員　ボクチャン、鬼太郎、ナマズ、与太郎、ダッコチャン、社長、ハム吉、ドゼウ、ドクター。執筆中いつも心に活躍する姿が浮かび内容豊かなアドバイスをくれました。

輝海

【参考文献】

上田　豊『未踏の南極ドームを探る―内陸雪原の13カ月』（二〇一一年）成山堂書店
小野延男・柴田鉄治編『ニッポン南極観測隊　人間ドラマ50年』（二〇〇六年）丸善書店
五味貞介「カラフト犬ホセと暮らした南極の日々」（二〇一六年）極地一〇二号、九一－九三
第十三次南極観測越冬隊員「日刊十三次」（一九七二-七三年）昭和基地
福谷　博『南極ファンタジー　パパ南極へ行ってるの』（二〇一〇年）愛育社
松崎　久写真集『私のイタリア』（一九九三年）愛明社

【著者略歴】

石川 輝海（いしかわ てるみ）
石川 愛子（いしかわ あいこ）

○出身地　ともに名古屋市生まれ

○年齢　合計１４８歳

○夫婦歴　45年

○１年以上生活したところ
輝海：南極、オーストラリア、日本
愛子：イタリア、オーストラリア、日本

○職歴
輝海：名古屋学院大学名誉教授
愛子：音楽館主宰

○専門
輝海：地質学
愛子：声楽

装画　金清美（アトリエ・ハル）
装丁　三矢千穂

ゴールは結婚　イタリア―南極一万三千キロの恋

２０１８年7月30日　初版第1刷　発行

著　者　石川輝海　石川愛子

発行人　江草三四朗

発行所　桜山社
〒４６７-０８０３
名古屋市瑞穂区中山町5-9-3
電話　０５２（８５３）５６７８
ファクシミリ　０５２（８５２）５１０５
http://www.sakurayamasha.com

印刷・製本　モリモト印刷株式会社

ISBN978-4-908957-05-5 C0095

桜山社は、
今を自分らしく全力で生きている人の思いを大切にします。
その人の心根や個性があふれんばかりにたっぷりとつまり、
読者の心にぽっとひとすじの灯りがともるような本。
わくわくして笑顔が自然にこぼれるような本。
宝物のように手元に置いて、繰り返し読みたくなる本。
本を愛する人とともに、一冊の本にぎゅっと愛情をこめて、
ひとりひとりに、ていねいに届けていきます。